思春期の子どもの

やる気を引き出す 実践ペップトーク読本

トゲトゲした空気を変える言葉がけ

さいとうさん 著

一般社団法人
日本ペップトーク普及協会 監修

メイツ出版

はじめに

本書を手に取って頂きありがとうございます。

あなたは今、子育ての真っ最中ですか？「子育てに正解はない」と言われますが、思春期の難しい年ごろの子どもたちを相手にするのに、道しるべのようなものがあると良いですよね。私が学んできたペップトークがそんな道しるべの一つになったら、と思ってこの本を書きました。

私は普段、理学療法士というリハビリテーション関係の仕事をしています。また、高校生の長男と中学生の双子の娘たちの親でもあります。リハビリと子育てには多くの共通点があるのですが、その中でも特に大切なのが「相手をやる気にさせること」。ケガや病気から回復するためのリハビリで何より大切なのは本人の「やる気」です。そして子どもたちが勉強や部活、部屋の片付けをするのに必要なのもやはり「やる気」ですよね。私は仕事と同じように子育てができれば彼らとの関係も上手く行くはずだ、と思っていました。実際に小学校に入るくらいまでは素直な良い子に育っていると思っていたのです。

しかし、彼らが思春期に入る頃、雲行きが怪しくなってきました。母親に反抗する長男、徐々に口数が少なくなっていく娘たち。子どもたちのためを思ってかけているはずの言葉がかえってギスギスした関係を生んでしまい、家の中の雰囲気が悪くなることが何度もありました。そんな時、ふとしたきっかけでペップトークに出会ったのです。

言葉のかけ方を変えれば子どもたちが親の言うことを聞くように

なるかも知れない、というムシのいいことを考えて受けた初めてのセミナーで「誰よりも応援してほしいのはあなた自身です」と言われ衝撃を受けました。子どもたちを良くする方法を知りたいのに、「子どもたちの為に一生懸命に働き、家事や育児に頑張っている自分を励まして下さい、まずはそこがスタートです」と言われたのです。

誰かにほめられたくて育児をしていた訳ではないのですが、知らないうちに誰にもほめられない、認められないことがストレスになっていたのでしょう。そんな時にでも自分を元気付ける言葉があることを知り、目からうろこが落ちる思いでした。そしてさらにペップトークというものを深く学びたいと思うようになりました。

ペップトークのセミナーで学びを進めていくうちに娘から「パパはペップトークを勉強するようになってすごく変わったよね。穏やかになったし、話を聞いてくれるようになったね」と言われました。とてもうれしかったのを今でも覚えています。

子育ての先輩たちに話を聞くと、子どもたちと関わっていられる時間は案外短いのだそうです。あっという間に過ぎていく時間をどう過ごすのか。それを自分で決められるとしたら楽しい時間にしたいと思いませんか？仕事で疲れていても、育児や家事に追われて心の余裕がなくなっても、そんな自分を受け入れて前向きな気持ちにさせてくれる力がペップトークにはあります。

ペップトークがあなたの足元を照らす灯りとなって、子育てをより楽に、そしてより楽しいものにするというゴールに導いてくれることを願っています。

さいとうさん

もくじ

第2章　子どもの成長に合わせたアプローチのコツ…35

第3章　実践！ペップトーク！…49

GOOD!

第1章

ペップトーク
とは？

ペップトークとは？

脳科学や心理学から
見ても理にかなっている
スキル

ペップトークはアメリカのスポーツシーンで生まれました。「ペップ」は元気・活気を意味する英単語、「トーク」は話すこと。「ペップトーク」で「激励演説」として辞書に掲載されています。

大事な試合の直前に緊張感が漂うロッカールームで、監督やコーチが選手たちに向かって話すショートスピーチ。選手たちの士気を高め、彼らが本領を発揮できるように促す言葉かけ。それがペップトークなのです。

一口にスポーツと言っても競技によって必要とされる特性は様々です。ラグビーやアメリカンフットボールのようなコンタクトスポーツと、ゴルフやアーチェリーでは求められるペップトークが異なります。ある時は奮い立たせ、ある時は冷静に目標と向き合わせる。相手の状況に合わせて一番必要な言葉をかけるのがペップトーク本来の目的なのです。そしてこの「相手に合わせた言葉かけで本領を発揮させる」ことこそが、子育てに

シンプルな構造の
話し方のスキル

ペップトークを取り入れていただく一番のメリットだと考えています。

私たちの子ども時代は「しつけ」と称して、「～するな」「～はだめだ」と「禁止」や「否定」の言葉かけをたくさん受けて育ってきました。しかし、思春期に入り、大人へと成長していく子どもたちがそれ以上に必要としているのは、夢や目標に向かっている自分を認め、背中を押してくれる両親からの励ましの言葉かけなのです。将来が見えずに悩んでいる子どもに対しても、その子が必要としている言葉をかけることはできます。

アメリカで生まれたペップトークは脳科学や心理学、そしてコーチングの要素までも含んだトークスキルです。そう、私たちは習ってきていませんが、話し方にもスキルが必要なのです。そして、ペップトークのスキルはびっくりするほどシンプルな構造で、素晴らしい力を発揮してくれます。それではペップトークの世界に入っていきましょう。

ペップトークの特徴

ペップトークの
4つの特徴

ップトークには、次のような特徴があります。

❶短くて
❷分かりやすくて
❸肯定的な言葉を使った
❹心の状態を最適化する言葉かけ

では、一つずつ見ていきましょう。

❶

人が集中して話を聞ける時間は意外に短くて、スポーツシーンでの**ペップトークは大体30秒から1分程度**。子どもたちに対しては、さらにコンパクトにまとめる必要があるでしょう。

一番重要なのは
肯定的な言葉を使うこと

❷次に、わかりやすいこと。アメリカは移民の国です。言語も文化も異なる環境で育った選手たちにかける言葉はシンプルで理解しやすいものが選ばれるわけです。子どもたちには、年齢に合った、理解しやすい言葉を選ぶ必要がある、ということになります。

❸そして、ここが最も重要なポイント。「肯定的な言葉」を使うということです。「試験の点数が悪かった」「コンクール前で緊張している」など、状況によっては前向きな言葉かけが難しく感じる場面もあるでしょう。でも、そのような時こそ、前向きな言葉で前向きな気持ちを作り、将来のよい結果につなげるのです。

❹最後に大切なのが、「相手の心を最適化する」ということです。例えば体育祭の前なら士気を高めるような少し強めの言葉、受験本番、今まさに入試を受けに行く、という時には落ち着いて問題と向き合えるような穏やかな言葉かけが必要です。子どもの置かれた状況や精神状態によって必要な内容やトーンは変化します。しかし、相手の心を最適な状態にするためにかける言葉だという点はいつでも同じだ、ということになります。

ペップとプッペ

ペップトークの反対は
プッペトーク

ペップトークのペップを反対から読むとプッペになります。ペップトークの反対、つまり相手のやる気を奪ってしまう言葉かけのことを協会ではプッペトークと呼んでいます（辞書には載っていませんが）。ここではプッペトークの特徴を見てみましょう。

- 長くて
- わかりにくくて
- 否定的な言葉を使った
- 相手のやる気を奪う言葉かけ

これは親である私たちがついついやってしまいがちなお説教と似ていますよね。部屋を片付けない子どもに向かって

「ちゃんと片付けなさいっていつも言っているでしょ。なんで片付けら

思いがあっても届かなければ残念トーク

れないの？この前もその前も言ったのに、全然片付けてないじゃない。そんなことだから昨日みたいに学校に提出する書類がどこに行ったかわからなくなるんでしょ？　だいたいね……」

と、延々と続くこと、ありませんか？最初に伝えたかったことから次々に飛び火して、最後は辺り一面焼け野原になっている感じでしょうか。わが家では長男と妻の間で言い合いになるのは十中八九このパターンです。

子どもにしっかりしてほしい、あなたならできるはずだと思ってかけた言葉でも、相手に届かなければ残念ですよね。子ども

- ポジティ語で
- 相手の状況を受け止め
- ゴールに向かった
- 短くてわかりやすくて
- 人をその気にさせる
- 言葉かけ

- ネガティ語で
- 相手のためと言いながら
- ゴールは無視して
- 延々と
- 人のやる気をなくす
- 説教・命令

が言い返してくる分にはまだ良いのですが、何も言わなくなってしまえば子ども自身がどう考えているかを知ることもできません。子どもが黙りこくったり、反応がなくなったりしてしまうのは、私たち親のこういった言葉のかけ方に理由があるのかもしれないのです。

ただし、「プッペは悪い言葉かけだから絶対に使わない方が良いのだ」、とは考えないで下さい。してはいけないこと、例えば生命に関わるようなことや明らかに自分や他人を傷つけるようなことをした時にはダメなものはダメとしっかり伝える必要があります。そんな時には知的に冷静に、相手の行いを正すためにしっかりと叱ってください。

本気のプッペが伝わるのは信頼関係があってこそ

また、一般的にはプッペな言葉を使うとその真意が伝わりにくいのですが、相手が「本気で叱ってくれた」「自分のことを真剣に考えてくれている」と受け止めると、結果的に良い言葉かけとなることもあります。

ただそのために不可欠なのが、信頼関係なのです。この信頼関係は、普段からペップな言葉かけを心がけることで築くことができます。強い信頼関係が土台にあってこそ、厳しい言葉であっても、相手の心に響くものとなるのです。

承認のピラミッド

ペップに変えるには
承認のピラミッドを
使ってみよう

ついついプッペになりがちな言葉かけをペップに変えるために、下図のような「承認のピラミッド」が役に立ちます。下から「存在」・「行動」・「結果」の3段になっていて、人はこのどの部分を「イイネ！」と承認されてもやる気になり、逆にどこを否定されてもやる気を失うと言われています。特に土台になる「存在」を「お前なんか必要ない」などと否定されると、生きる気力まで奪われてしまうことがあるのです。

例えば、良くない点のテストを持ち帰ったとき「全然ダメじゃない。いつも勉強を

しなさいって言っていたのに、ゲームをしたり、動画ばっかり見ていたからじゃないの？」と言ったとしましょう。

これは子どもに期待しているからこそ出てしまう言葉で、親にしてみたら「テストの結果が悪かった」という「結果」、「普段からゲームをしたり動画ばかり見ている」という「行動」を否定しているだけのつもりかもしれません。でも、子どもによっては「だからお前はだめなんだ」と自分の「存在」をも否定されたと感じてしまう場合があるのです。

そこで、一例として「テストを見せてくれてありがとう」と行動を承認し、そこから、「自分ではどう思っているの？」「次に向かってどうしようか？」と、これからについて質問。「（宿題をちゃんとする、などと言ったら）「それはすごくいいね！」と未来に向けての働きかけを提案します。

視点を変えて行動を承認してみよう

今回の例ではテストの点数という「結果」は変わりません。でも、「勉強しなかった」という過去ではなく「テストを見せてくれた」という現在の行動にフォーカスすると、言葉かけは変わります。テストを親に見せるのがあたり前だと思っていると、承認の言葉は出てきません。でも、そのテストを親に見せるには、葛藤も抵抗もあったでしょう。それを超え

良い部分に
フォーカスしていると
自己肯定感も育つ

て見せた結果が「否定」では、子どももつらいですよね。逆に「見せてくれてありがとう」と言われたらどんな気持ちになるでしょう。叱られると思っていたのに感謝された、しかも応援までしてくれている。「正直に見せてよかった」と思うのではないでしょうか。

こうして普段から子どもの良い部分にフォーカスすることを意識していれば、子どもは「自分の存在が承認されている」と感じ、親子関係は良好になります。子どもの自己肯定感も育っていくはずです。

このように、承認のピラミッドは子どもに声をかける時に存在、行動、結果のどこにフォーカスすればいいか、というヒントを与えてくれます。

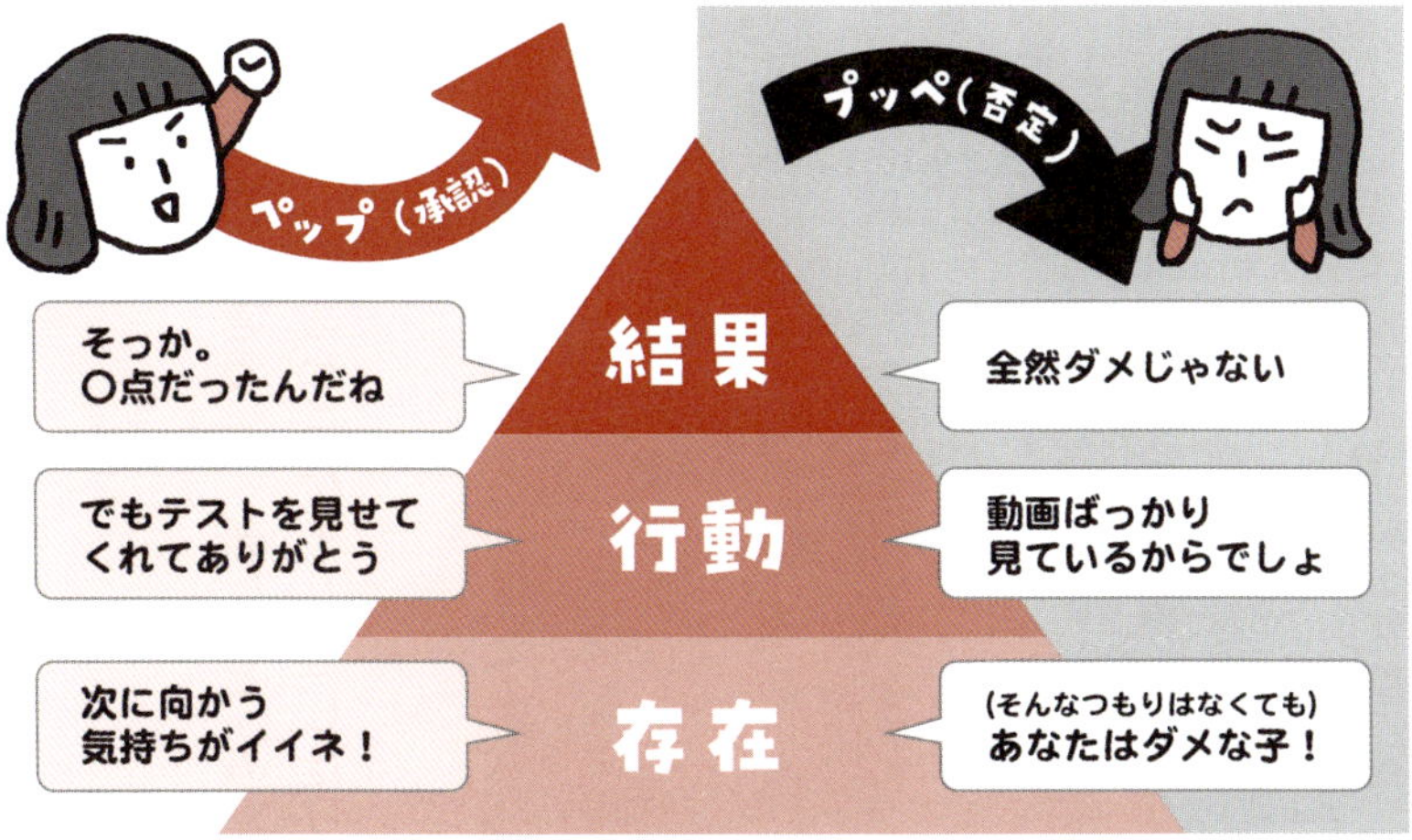

承認の大切さ

なぜ子どもたちは
SNSなどで
繋がりたがるのか？

子どもにスマホを持たせるとすぐにＳＮＳなどで友だちと繋がり、オンラインでの付き合いを大いに楽しむようになります。親から見ると「スマホばかり見ていて大丈夫かしら？」と心配になることも多いですよね。でも、なぜ彼らはそんな風に繋がりたがるのでしょうか？

左の図はアメリカの心理学者マズローが提唱した欲求五段階説です。下から生理的欲求、安全の欲求、社会的欲求、承認の欲求、自己実現の欲求となっています。マズローは、人は発達する過程で、下位の欲求が満たされると上位の欲求が出現すると説明しています。

生理的欲求は食事や排せつ、睡眠などに対する最も基本的な欲求で、安全の欲求は心身ともに安心・安全な環境にいることを望む欲求です。今の日本では、一応これらは満たされていると言ってもいいでしょう（一部例

承認欲求を満たす道具としてのSNS

外はありますが)。そうすると次に出てくるのが社会的欲求です。この欲求は「所属と愛の欲求」とも呼ばれ、所属する集団や他者とのつながりを求めるものです。部活や習い事、クラスなどがその役割を果たせていたらいいのですが、リアルな人間関係が希薄になっている現代社会ではSNSのグループやチャットなどにそれを求めざるを得ないのも致し方ないのかもしれません。

そうやって社会的欲求が満たされたら、次は承認欲求です。「イイネ!」を押してくれた回数や自分のフォロワーが増えることで、承認欲求が満たされるように感じるのですね。ところが、実はここに落とし穴があるのです。

マズローの欲求五段階説

承認欲求には他者承認と自己承認の2種類があり、先ほどの例では「イイネ！」やフォロワー数が他者承認となります。しかし、思春期の子どもたちにとっては、リアルでもネット上でも、なかなか自分が思うような承認が得られません。それどころか、信頼していた友だちにブロックされたり、ちょっとした言葉のアヤで味方が敵になったりするのは日常茶飯事。そのぐらい承認欲求が揺らぎやすいのです。

「その子らしく、自分の好きなことや得意なことを楽しんで生きてほしい」という親御さんは少なくありません。その土台になるのが「承認欲求」。自分が認められているという実感です。

ありのままでいいのだと思えると自分らしく生きられる

テストの結果が悪くても、部屋が散らかっていても、わが子の存在そのものを承認してくれる親がいることが、揺るぎない他者承認の形成に大きな役割を果たします。それによって、自分は自分のままで良いのだ、という自己承認に繋がっていくのです。自分の長所も改善点も、まるっと受け入れられて初めて、人は本当の意味で自分らしく生きていくことができます。承認の大切さがわかっていただけたでしょうか？

承認のピラミッド（17ページ）は、今と視点を変えて、わが子を肯定的に承認するのにもとても役立つツールです。

とらえかた変換

とらえかたを
変えると
言葉が変わる

とらえかた変換には2種類あります。一つは文字通りの「とらえかた変換」、もう一つは「あるもの承認」です。

ではまず「とらえかた変換」を説明します。その時に置かれている状況や感情を前向きにするために、視点を変えて言葉を変換するのです。ネガティブに感じる場面でも、視点を変えると違う見方ができるからです。

わが家の娘たちは勉強が苦手なので、課題が出ても「こんなに大量の課題を明後日までに提出なんて絶対に無理」とすぐに白旗を上げます。私から見るとそれほどの量でもないのですが、本人たちには大変らしいのです。

そんな時には「絶対に無理、と思っていることができたらすごいよね」と伝えるようにしています。ここでは「たくさんあって絶対に無理」だと思っている課題が「できたらすごい課題」へと変換されています。無理だと思ってしまえば課題に取り組もうという気持ちにもなれませんが、「できたらすごいよね」と変換すると「そうか、すごいことなのか。大変だけど、ちょっと頑張ってみるか」と気持ちが前向きになることを狙っています。

意地悪ではなく信念がある先生

しかし、そう簡単に引き下がらないのがわが家の娘たち。「こんなにたくさんの課題を出すなんて、あの先生、意地悪なんだよ」と、今度は先生に対してダメだしが始まります。あれこれ理由をつけて課題から逃げようとしているだけなのですが、やらない理由を探す時はとても賢くなるようなのです。

それに対しては「意地悪かもしれないけどさ、こんなにたくさん課題を出したら嫌われるってわかっていて出すってことは、強い信念を持った先生なんだよ。それが生徒のためになるって信じてるんじゃないかな？」と伝えてみます。今度は「意地悪な先生」から「強い信念を持った先生」への変換を目指すわけです。本当は「グダグダ言わずに早くやりなさい！」と言いたくなる所ですが、そこはグッとこらえておきましょう。

「意地悪な先生」が出した「絶対に無理な量の課題」から逃げるのではなくて、「強い信念を持った先生」が出した「できたらすごい課題」に挑

前向きな行動で結果が変わる

戦してみようと、相手の置かれている状況や人に対して抱く印象をネガティブなものからポジティブに変換するのがとらえかた変換です。

とらえかたを変えたからと言って突然全力で課題に向き合うようになるわけではありません。それでも、気持ちが少し前向きになるだけでその後の行動は変わってきます。行動が変われば当然結果も変わりますよね。とらえかた変換はペップトークで相手を前向きにさせるための重要な一つ目のステップなのです。

「よくない状況」をとらえかた変換すると

マラソン大会が嫌い → マラソンはダイエットのチャンス
寒くて起きるのがイヤ → カレシ（カノジョ）とくっつくチャンス
かばんが重くて大変 → 毎日筋トレ

「人の印象」をとらえかた変換すると

落ち着きがない → 好奇心が旺盛
話してくれない → 自己解決力が高い
親の言うことを聞かない → 自分なりの考えを持っている（絶賛成長中！）

あるもの承認

前向きな変換が
できないときは
「あるもの承認」

前項でその時に置かれた状況や感情を前向きにとらえて言い換えましょうとお伝えしましたが、実際には中々前向きな変換ができない、ということもあるでしょう。そんなときには**私たちが「あるもの承認」と呼んでいる視点の変換を使って頂きたい**のです。

実は、私は幼い頃に母の「あるもの承認」に励まされた経験があります。小学生の時、自分の住んでいる地区で行われた相撲大会でのできごとでした。数十名の子どもたちで優勝を競うのですが、小さいながらもすばしっこく負けん気の強かった私は、なんと決勝戦まで駒を進めたのです。しかし決勝戦で戦うことになった相手は自分よりはるかに大きく、大人と子どもくらいの体格差がありました。戦う前から勝敗は明らか。どう考えても勝てそうにありません。

明らかに不利でも
あるものに
気づかせてくれた母

そんな決勝戦の前に母がこんな言葉をかけてくれたのです。「相手の子が大きいのはしょうがないじゃない。でも、すばしっこさと勝ちたいって思う気持ちは間違いなくあんたが勝っているよ。それに、こんなに小さな体で決勝戦まで進んだことで応援してくれている人もたくさんいる。最後まであきらめずに思いっきり戦ってきなさい」

その言葉に励まされて、粘りに粘ったのですが、結局は負けてしまいました。でも不思議なことに大人になってから思い出すのは負けた悔しさではなく、母にかけられたあの言葉なのです。

今あるものに目を向けること、それが「あるもの承認」です。私の母は明らかに体格的に劣る私に「すばしっこさと勝ちたい気持ち、応援してくれるたくさんの人」があることに気づかせてくれましたそして、その言葉があったからこそ、最後まであきらめずに戦うことができたのです。

人には足りない所、欠けている部分を見てしまう癖があります。ペップトークの講座では視力検査で使うランドルト環を使って、『お子さんに丸を書いてくださいと伝えたらこんな風に書いてきました。そんな時に皆さんだったらどう言いますか?』とお聞きすることがあります。

人は足りないところにフォーカスする癖がある

そうするとほとんどの人が「ここが欠けていて丸になっていない」と答えます。あとちょっとでキレイな丸になるのに、ほとんどの人が少しだけ欠けている部分にフォーカスしてしまうのです。**95%完成された丸でも欠けているたった5%しか目に入らなくなってしまうということです。**

「ネガティビティバイアス」というのですが、人間は危機管理能力の一つとして、よくない状況にいち早く気付くため、足りない部分にフォーカスする癖を持っています。そういう癖があるということを意識して、お子さんの足りない部分ではなく、できている部分に目を向けるようにしていきましょう。

してほしい変換

してほしくない＋否定
ではなく
してほしいことを伝える

ペップトークでは相手にしてほしいことをそのまま伝えることを「してほしい変換」と呼んでいます。部屋を片付けられない子どもに対して「散らかさないで」と言ったり、洗濯かごにカタツムリのように丸まった靴下が入っているのを見て「丸めたまま出さないで」と言ってしまったりすることがありませんか？「忘れ物しないで」や「遅刻しないで」と伝えることも多いかもしれません。

これらはすべて「～しないで」と、「してほしくないこと」に否定形をつける表現です。これをもっとシンプルにして、子どもにしてほしいことをそのまま伝えるのが「してほしい変換」なのです。先ほどの例で言えば「部屋をきれいに片付けようね」や「靴下は広げて出してね」となります。

脳は聞いた言葉をそのままイメージする

ではなぜしてほしいことをそのまま伝えるのでしょうか？ それは脳の特性を考慮するからなのです。簡単な実験をしてみましょう。

「ものすごく酸っぱいレモンを……絶対に想像しないでください」と言われたらどうでしょうか？ 何となく口の中が酸っぱくなってきませんでしたか？ 脳は言葉を聞いた時、それが理解できる内容であればその言葉のイメージを浮かべます。酸っぱいレモンと聞くだけで唾液が出るような体の反応を引き起こしてしまうこともあるのです。

では「部屋を散らかさないで」と言われたらどうでしょう。脳内に浮かぶのは「散らかった部屋」です。整理整頓され、きれいになった部屋をイメージできないので、片付けることが難しくなってしまうのです。つまり、子どもにしてほしいことがあったら、それがイメージできるように、してほしいことをそのまま伝えるということがポイントとなります。

ただ、気をつけて頂きたいことが一点あります。それは結果にフォーカスをした「してほしい変換」には注意が必要だということです。

入学試験を例に考えてみましょう。模試の判定で合格率50％の第一志望

**結果にフォーカスした
してほしい変換には
要注意！**

校を受ける時のわが子を想像してみて下さい。この場合にしてほしいのは試験に合格することですね。してほしい変換はそのまま伝えるハズだったよな、と考えて「絶対に合格してこい！」と伝えたらどうでしょう。そもそも合格率は50％です。残りの50％は実力ではどうにもならない、自分ではコントロールできないことなのです。中にはその一言で気合が入って頑張れる子もいるかもしれませんが、結果にフォーカスしたその言葉がプレッシャーになって実力が発揮できない子のほうがはるかに多いのではないでしょうか。

そんな時にも承認のピラミッドを使います。結果の一つ下である「行動」にフォーカスをして、合格するためにしてほしい行動を伝えます。「できる問題から解いていくこと」「最後に見直すこと」など、自分でできることを伝えてくださいね。

「してほしい」を変換してみると

寝坊しないで	▶	早く起きて
遅刻しないで	▶	５分前行動をしよう
あきらめないで	▶	最後まで粘り強くやろう
あせらないで	▶	落ち着いて
忘れ物をしないで	▶	持ち物を確認しよう
失敗しないで！	▶	うまくいくといいね

ペップトークの4ステップ

4つのステップで
構成される
ペップトーク

ペップトークではこれまで説明した「とらえかた変換」と「してほしい変換」がメインの要素になっています。これに事実の受け入れである「受容」と背中の一押しとなる「激励」を加えたものがペップトークの4ステップとなります。【34ページの図】

【受容】ではその時に置かれている感情や状況が厳しかったとしても、それをそのまま受けとめます。ペップトークでは前向きな言葉を使う、と説明しましたが受容の部分では現実を受け止めるためにマイナスな言葉でもそのまま使うことがあります。そして次の**【とらえかた変換】**で相手の視点、見方を変えていきます。左ページの例では「緊張」を「本気の証拠」と言い換えることで子ども自身が目標を達成したいと思っている部分にフォーカスする感じです。そして、視点を変えたことで少しでも前向きな気持ちになれたら**【してほしい変換】**として子どもにしてほしいことを

受験に臨むわが子への
４ステップの
ペップトーク

そのまま伝えます。最後の【**激励**】は元気よく送り出されることで力を発揮するタイプもいますし、落ち着いたトーンで伝えた方が本領を発揮しやすいタイプもいます。**親だからこそ分かるわが子に対しての背中の一押しを選んで言葉をかけて**ください。

では ここで、入学試験に臨むわが子に対して４ステップでのペップトークを考えてみましょう。

【**受容**】「いよいよ本番。緊張しているみたいだね。ママも自分が受験した時にはとっても緊張したから、あなたの気持ちがすごくよくわかるわ」

【**とらえかた変換**】「でもそれはあなたが本気であの学校に合格したいって思っている証拠だよね。この一年、あなたの本気の頑張りは本当にすごかったよ」

【**してほしい変換**】「本気になっている自分を信じて、落ち着いてていいね。一問ずつ解いてきてごらん。自分の力を出し切ることだけ考えてね」

【**激励**】「試験が終わったら、あなたの大好きなあのお店でいっしょにおいしいものを食べようね。あなたなら大丈夫。さぁ、行ってらっしゃい！」

本番前に
成功をイメージさせる
ゴールペップトーク

いかがでしょうか。これが4ステップのペップトークで、この形のペップトークを特に「ゴールペップトーク」と呼びます。ゴールペップトークとはゴール（目標）に向けて頑張ってきた相手に対し、本番前に成功をイメージさせ、やる気を引き出すショートスピーチです。48ページで紹介する、ワールドベースボールクラシック決勝前の大谷翔平選手のスピーチは、その後の優勝を導いたといわれています。

最初は少し難しいと感じるかも知れませんが、ぜひオンリーワンのゴールペップトークをお子さんにプレゼントしてあげてください。

ペップトークの4ステップ

①受容

②承認

③行動

④激励

ペップトークの４つのステップを
ジェスチャーで表現してみます

第2章

子どもの成長に合わせたアプローチのコツ

父親から見た思春期の子どもたち～自己肯定感を育むには

親の言うことを聞かなくなるのは自分で決めたいという欲求の表れ

思春期になると子どもたちは大きく変わっていきます。ほとんどの子どもたちに共通なのが、「親の言うことを聞かなくなる」というところでしょうか。幼い頃はかわいらしい声で「はーい」と素直に答えていた子どもたちが「うるさいな！」「分かってるから黙ってて！」と反発するようになります。いつまでも素直なままでも困るのですが、親としてはイラっとしてしまいます。でも、それは子どもたちの心が成長して自分で物事を決めていきたいという証拠でもあるんですよね。この時期は親の方が子どもを認めて、言葉選びを変えていく必要がありそうです。

すべての子どもに当てはまるわけではありませんが、男女で異なる傾向もあります。男の子は基本的に中身が子どものままで表現だけが乱暴に

一人の人として向き合い子どもをコントロールしようとしない

なっていく感じ。思考や行動はそれほど成長していないのに、身体だけが先に大人になっていくのが男子の特徴です。体の成長に心が追い付かないので、それにイライラして反抗してくるように感じます。

それに対して女の子は初潮を迎えると、自分が女性だと自覚するようです。うちの双子たちも、この時期から父親である私との距離を取り始めました。私のほうも娘に近寄り過ぎず、離れ過ぎないことを心掛け、基本は待ちの姿勢で、必要とされたら最大限に関わるようにしたのです。男の子に比べて精神的な成長が早くて、母親の言動に似てくることも多いので、まるで妻が三人いるようで戸惑うこともありますが。

いずれにしてもこの時期は、一人の人間として向き合い、親が子どもをコントロールしようとしないことが大切だと感じています。たまにじっくり話すタイミングがあって、彼らが考えて

いることを聞いてみると、子どもたちの成長ぶりに驚かされることもよくあります。

2018年に内閣府が発表した「我が国と諸外国の若者の意識に関する調査」では、日本の若者は自己肯定感（自分を肯定的に捉える割合）が諸外国と比較して低いことが指摘されました

この調査で私が面白いと思ったのが、「自分は役に立たない」と思っている若者ほど自己肯定感が低い傾向にある、という分析でした。一見すると当たり前のように思えるこの関係ですが、実はこの相関関係があるのは日本だけだったというのです。

役に立たない人間はだめだと思わされている？

思春期の子どもたちが「自分は役に立たないと強く思う」という割合は、アメリカなど諸外国と同じで全体の約半数でした。思春期以降の若者たちは色々な場面で自分の無力さを感じている、というのは世界的に共通している事実のようですが、なぜ日本の若者だけが「役に立たない＝自分はダメだ」となってしまうのか、原因はわかりません。ただ、対処方法はあります。17ページで説明した「承認のピラミッド」を使うのです。

失敗を恐れず糧にできる大人に育ってほしい

「自分は役に立たない」というのは何かしらの結果を受けて感じることだと思います。しかし、結果がダメでもその時に取った行動やその想いを肯定的に捉え、認めることはできるはずです。これは承認のピラミッドの所で説明したことと同じ内容ですよね。普段から結果ではなく存在や行動を承認して、しっかりとした土台を作ることで、諸外国の若者たちのように「結果は出せない自分だけれど、自分には価値がある」と考えられるようになるのではないでしょうか。

「若い頃にはたくさん失敗をした。でも、そんな自分を認めて励ましてくれる大人がいてくれたからその時の自分を受け入れられたし、その後も自分自身を大切な存在だと思えるようになった」

日本中の子どもたちがそんな大人に育ってくれたら素晴らしい社会になると思いませんか？そんな未来をイメージしながら思春期の子どもたちへ励ましの言葉をかけてみてはいかがでしょうか。

距離感を大切にしながら対話を深める

距離感を保つために
参考になること

思春期の子どもたちとは適度な距離感が大事だとお伝えしましたが、私の勤務先の病院でその距離感の参考になりそうな、毎年繰り返されるエピソードがあるのです。

新卒の看護師や理学療法士に患者さんの歩行を介助してもらうと、ほとんどが「過介助」といって、患者さんが必要としている以上に手を貸してしまいます。でも、介助されすぎても患者さんは動きづらいのです。

新人たちは必死で支える、患者さんたちにその必死さが伝わる、そして双方がガチガチに緊張して、結局疲れ果ててしまいます。こうなるのは、介助する側が患者さんの持っている能力を過小評価しているからです。経験を積むと相手に必要な最小限の介助ができるようになり、医療者も患者さんも楽になるのです。

命にかかわること、人を傷つけることには毅然とした態度で

子育ての距離感にもこれと似たような所がありますよね？今は子どもの数が少なくなり、ついつい親も子に対して「過介助」になりがちです。しかし、だからこそ手をかけ過ぎない意識も大切なのかもしれません。

命にかかわること、法に触れるようなことは強く「ダメ」としっかり伝える必要がありますが、基本は子ども自身が自分で物事を決めていく手伝いをする、という程度のスタンスがちょうどいいのです。もし失敗して転んでも、親元にいてサポートが受けられるうちに、そこから立ち直る経験をしておけば、その後の人生で同じようなことがあっても立ち直れます。

ただ、距離感を大事にしながらも、子どもと少しでも話をして、コミュニケーションを取る努力はしていきたいと思います。そんな時に役に立つのが「三つの質問」というスキルです。左の図のように、質問の仕方で相手のやる気が出たり、逆に奪ってしまったりすることがあるのです。

やる気を失くす質問

クローズ質問
過去質問
否定質問

やる気の出る質問

オープン質問
未来質問
肯定質問

対話を深める
3つの質問スキル

一つずつ見ていきましょう。

●**クローズ質問**というのは相手がイエスかノーで答えるだけのものや、聞く前から答えがわかっているような質問です（よく「高校に受からなくてもいいの？」なんて聞くことがありますが、「いいよ」というわけはありませんよね？聞かれた方にしてみれば嫌味なこと言っているな、と思うような質問のことです）。これを**オープン質問**に変えると「○○ちゃんは高校で何をしたいの？」と聞いて「A高校って制服がカワイイしテニス部のジャージもイケてるんだよね」と来たら「そっか。想像するだけでワクワクするよね。じゃあ、そのために今できることって何かな？」と発展させていくことができます。子どもが自分自身で考えて行動を起こすことにつながりますよね。

●**過去質問**とはすでに起こったできごとの原因を遡って考えさせる質問です。数学のテストのケアレスミスに対して「なんでこんな単純なミスをしたの？」と聞くのが過去質問。これには答えにくいと思いませんか？逆に「この問題を解く時にどんなこと考えていたの？」と聞くのが**未来質問**です。過去にあったできごとの時点からどんな風に先を見ていた

クローズからオープン
過去から未来
否定から肯定

かを問う質問です。「簡単な問題だから確かめ算もしなかった」と子ども自身が気づけば「簡単だと思っても確かめ算は必要」と自分で考えるきっかけになるのです。

否定質問は一言で言うとダメ出しです。間違えた問題に対して「何でわからないんだ！」と聞くのが否定質問。それに答えられるならばそもそも間違えませんよね？それに対して「どこまでならわかっているかな？」と聞くのが**肯定質問**です。そうすることで自分の理解について言語化する過程が生まれるので、子ども自身が自分の足りない部分に気付くきっかけになります。

家庭を安心安全にするためにできること〜セルフペップトーク

子どもが起こした問題はすべて親のせいなのか

子どもを育てていて、「子どもの起こした問題は親の責任だ！」と言われるのを恐れる気持ちってありませんか？　「親の顔が見たい」と言われないようにと、ついガミガミ言ってしまうこと、ありますよね。でも、子どもがトラブルを起こした時、その原因が親の育て方だというのは、事実なのでしょうか？

行動遺伝学という、人のさまざまな特性を遺伝や環境などの要因から解明しようとする学術分野があります。その行動遺伝学の第一人者である慶應義塾大学の安藤先生の研究によれば、ケンカや不登校は家庭以外の環境要因の影響が強いことがわかっているそうです。だとしたら、必要以上に責任を感じないのが、子育てをしている自分を楽にするコツです。

**なにかあった時にも
家庭が安心安全で
居心地のいい場所に**

家庭以外の環境要因を、子どもたちが自力でコントロールするのはかなり難しいと思います。その分私たち親の立場では、何かあったときにも家庭が居心地のいい場所であるように、安心安全の場となるように努めることが大切だということになります。家の中の居心地をよくするには、親である私たち自身が前向きで穏やかに、それこそ安心安全に過ごしていることが第一です。そしてそのために、ぜひセルフペップトークをして頂きたいのです。

セルフペップトークは自分自身にかける前向きな言葉です。頑張っている自分を認め、よくやっている！　と高く評価する言葉かけなのです。

まずは自分に
前向きな言葉を

日本では謙遜が美徳とされる傾向が強く、自分自身を認めるというのは、自信過剰なようで気が引けるという方がいるかも知れません。でも、自分自身にかける言葉であれば誰に聞かれることもないはずです。

早起きしてお弁当を作った自分に、そして仕事をしながら家事育児を頑張る自分に、ぜひ前向きな言葉をかけてください。「毎日お弁当を作っている私ってエライ！」とか、「仕事と家事の二刀流なんて大谷選手みたい！」等々、前向きな言葉ならどんなものでも良いと思います。

たとえそれが心のつぶやきであったとしても、自分の発する言葉を一番多く聞いているのは自分自身です。自分が発する言葉が前向きで明るいものに変わっていくと、自然と自分自身の心が元気になってきます。心が元気だと、辛いできごとがあったり、子どもにイライラした時にも、ポジティブな思考で対処できるようになり、愚痴ばかり言っている時とは全く違う世界が目の前に広がってくるはずです。子育ても自分自身の生活も、それまでとは違って楽に感じるようになるに違いありません。「楽」と「楽しむ」では同じ漢字が使われていますが、まさに毎日が楽しく、楽になってくるのです。

実際どんな風に言いかえればいいのか

どんよりをさわやかに
変える言葉かけを知ろう

わが家の朝の空気はよどんでいます。夜ふかし朝寝坊の思春期の子どもたちのせいです。これ、さわやかにしたいですよね？

彼らは常になんだか眠そうにしています。夜は寝ろと言っても寝ないし、朝は起きろと言っても起きない。どこまであまのじゃくなんでしょう？そんな彼らを見ていると、ついつい尖ってくる自分の言葉。そしてその自分の言葉のトゲに自分がいらだっちゃうんですよね。次の章では、具体的な言い換えの言葉を、日常の場面に即してご紹介していきます。

大谷選手のペップトーク

2024 年 3 月、アメリカで野球の世界一を決める大会、WBC が開催されました。日本はメキシコと戦った準決勝戦で劇的なサヨナラ勝ちを決め、宿敵アメリカとの決勝戦を迎えたのです。その決勝戦直前のロッカールームで大谷翔平選手がペップトークを行いました。

「僕からは一個だけ、憧れるのを辞めましょう」

「ファーストにゴールドシュミットがいたりとか、センターを見たらマイク・トラウトがいるし、外野にムーキー・ベッツがいたりとか。野球をやっていれば誰しもが聞いたことがあるような選手たちがいると思うんですけど。今日一日だけはね、やっぱ憧れてしまっては超えられないので。僕らは今日超えるために、トップになるために来たので」

「今日一日だけは彼らへの憧れを捨てて、勝つことだけ考えていきましょう」

「さぁ、行こう！」

わずか 32 秒のペップトークでしたが、侍ジャパンの選手たちの士気を高める効果は抜群だったようです。

大谷選手のペップトークも 4 ステップ (32 ページ) でできています。

まず初めに「憧れるのをやめましょう」と、「対戦相手にあこがれている」というチームメイトの心に共感した上で、してほしくないことを伝えています。

そしてあこがれてしまったら越えられないでしょう？と、とらえかたを変えています。

そして「勝つことだけ考えて」と完璧な「してほしい変換」です。「勝て」と結果にフォーカスすると、余計プレッシャーに感じてしまう選手がいるかもしれません。「勝つことだけを考えて」と、行動にフォーカスした素晴らしい言葉選びだと思います。

最後に激励の一言「さぁ、行こう！」で仲間の背中を押しています。

このペップトークの構成は子どもにして欲しくないことを伝える時に使えるフレームになっています。まず初めにしてはいけないことを伝える。そしてその理由を簡潔に、具体的に説明します。その次にして欲しいことを伝え、最後に背中の一押しをしています。子どもに言い聞かせる時には大谷選手のように知的に冷静に伝えたいものですね。

第3章

実践！
ペップトーク！

夜ふかしする

　ご多分に漏れず、うちの三人の子どもたちもかなりの宵っ張りです。夜中まで勉強しているならともかく、ずっとスマホを見ていたり、マンガを読んでいたり。それで翌朝起きられないなんて言われたら、イライラもするというものですよね。

　こちらは朝から一日働いてクタクタです。子どもたちも学校でまじめに勉強や部活をやっていたらクタクタだろうと思うのに、若いってすごいですね～。

つい言っちゃうよね こんなこと

「何時だと思ってるの！」

「いつまで起きてるつもりなんだ！」

「早く寝なさい！」

- 早く寝ないと健康に悪い
- 明日の朝起きられないと困るでしょ
- 夜中まで何をしてるのか心配だし不安

- たいして疲れてないから眠くないよ
- ゲーム（動画）がもう少しでキリのいい所だから、今はやめたくない
- 夜の方が静かで集中できるんだよな
- 分かっているけど面白くてやめられない

HINT ペップな言葉を生むヒント

私が中学生の頃は深夜のラジオ番組が大人気でした。当時は放送を録音する手段がなかったので、眠い目をこすりながら遅くまで聴いていたものです。

そうしないと翌日友だちとの会話についていけませんでした。夜ふかしは友だちとのつながりを考えると仕方のないことだったのです。

今はラジオやテレビがスマホや動画・ゲームに変わっただけで、案外子どもたちも昔と同じようなことをやっているだけなのかもしれません。

ペップな言葉かけ

約束の時間まであと30分あるよ。ママは先に寝るけど時間になったらちゃんと寝てね。

睡眠をしっかりとった方がお肌にいいらしいぞ

げっ！　最近肌荒れがひどいんだよね。今日は寝るか！

あなたの体調が心配だから少しでも早く寝てちょうだい。

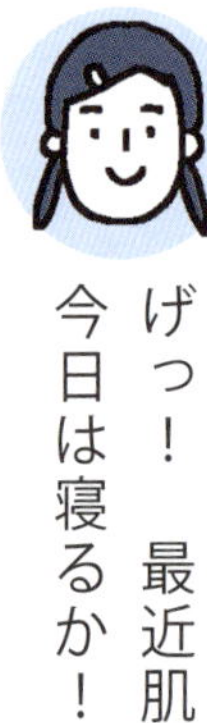

そうか、心配してくれてるんだなあ。

何かやりたいことがあるの？　明日できることだったら、早起きしてやったほうがサクサク進むかもよ

カリギュラ効果

動画もゲームも禁止したら寝るかというと、そうではありませんよね。余計にやりたい気持ちを募らせるだけ。

これを心理学では「カリギュラ効果」と呼びます。結局は本人が「そろそろ寝ないといけないな」と思わない限り無理やり寝かせることはできないのです。

夜ふかししていても、自分たちが若い頃のようにそれなりに生活ができていれば心配し過ぎないことも必要なのかもしれません。

朝起きられない

ひとつ前で取り上げた「夜寝ない」とセットでもあるのですが、親として子どもが朝ちゃんと起きてくれないというのは本当にイライラしちゃいますよね。

こっちだって眠いのに起きて、せっかく朝ごはんを作ったのに「食べない」なんて言われようものなら、「ウキーッ！」と叫びたくなっちゃいます。

さらに起こしても不機嫌だと、ついついこちらの言葉もトゲトゲしちゃうという気持ちも、とても良く分かります。

つい言っちゃうよね
こんなこと

「さっさと起きなさい！」

「いつまで寝てるんだ！」

「どれだけアラーム鳴らしたら起きるの！」

「遅くまで起きてるからだよ！」

- いつまで寝てるんだろう!
- 早く起きないと学校に遅刻しちゃうのに!
- ちゃんとご飯を食べないと体に悪い! 成長期なのに!
- こっちだって眠いのに、せっかく作った朝ご飯が冷めちゃうじゃない!

- 朝ご飯を食べる時間があったら寝ていたい
- 今日は苦手な授業ばっかりで行きたくないなあ
- うるさい! ただただ眠いの。あと5分寝かせて!

HINT ペップな言葉を生むヒント

子どもが朝起きないというのは、どこの家でもよくあることだと思います。

起きないから「もう知らない!」と放っておいたら、ギリギリに起きてきた子どもから「なんで起こしてくれなかったの!」と逆切れされてしまうことも。そんな理不尽なことってあるでしょうか?

でも、**一日のスタートは怒られるよりポジティブな言葉かけから始まる方がいい**ですよね。そういう視点があれば、口から出る言葉も変わってくるのではないかと思います。

ペップな言葉かけ

あなたの大好きな玉子焼きを焼いたわよ。いい匂いでしょう？
早く起きてきて温かいうちに食べて！

ほんとだ、いい匂い〜。おなかすいたなあ！

推しのライブまであと何日だっけ？　はじけるのを楽しみに
今日も頑張っていこうぜ！

そうだった！　今日も頑張りますか！

朝は眠いよねぇ。リビングに推しバンドの曲かけてあるよ！
聴きにおいで！

なかなか起きない子を気持ちよく起こすゲーム

「自分は朝なかなか起きないわが子を、すっきり起こすゲームをしている」という風に、とらえかた変換してみると、イライラせずに、前向きなアイデアが出てこないでしょうか？　大好きなものを朝食に出すとか、お子さんが楽しみにしていることを思い出させるとか、好きなアーティストの曲を流してみるとか。いろいろ工夫ができそうじゃないですか？

洗面所を独占する

　子どもたちに朝の洗面台を独占されたら、大人が身支度できません。わが家でも妻と、三人の子どもたちのバトルは毎朝のことなのです。

「いつまでやってんの！
ママも使うんだから早くどいてよ！」

「邪魔だってば！　さっさとしろよ！」

親の気持ち

- 外見ばっかり気にして！　中身が大事でしょ！
- 私だって支度したいのに！　早くして！
- 高校生なんだからメイクなんかいらない！

- 今日はイマイチ前髪が決まらない！
- あぁっ　こんな眉毛じゃ外に出られない！
- げっ！　こんな所にニキビが！

ペップな言葉を生むヒント

朝から洗面台を独占するわが子にひとこと言いたくなること、ありますよね。

でも、これからステージに上がる直前の女優さんだと考えてみるとどうでしょう。当然メイクや髪の毛はバッチリ決めるはずです。彼らはまさに、通学から学校生活というステージに立とうとしているんですよね。

外見にあまりにも気を遣わないのもちょっと困りものだと思って、マネージャー感覚で接してみるのもいいかもしれませんよ。

ペップな言葉かけ

- 若いと肌がピチピチでうらやましい。メイクなんかしなくてもきれいだよ!
- お母さんもメイクしたいから、それ終わったら譲ってね!
- ヒゲの手入れは手鏡のほうがよく見えるよ。
- 毛先の微調整は自分の部屋でどうぞ!

確かに洗面所じゃなくても身支度ができるなあ。

食べ物を残す

別に急いでいるわけでも体調が悪いわけでもないのに、子どもがご飯やおかずを残してしまうことってありますよね。

成長期だからしっかりと栄養を取ってほしいし、せっかく作った料理がもったいないと思う気持ちも、よっく分かります！

それでついつい口調が厳しくなることがあるんですよね！　ほんと、出したものは残さずすっきり食べてほしいもんです。

つい言っちゃうよね
こんなこと

「残さないでちゃんと食べなさい！」

「また嫌いな物だけ残してる！
もったいないじゃないか！」

「そんなに少しだけで大丈夫なの？」

「痩せたいとか言ってるんじゃないよ！」

- 成長期だからしっかりと栄養を取ってほしい
- せっかく作ったご飯を残されると腹が立つ
- 好き嫌いなく食べた方が体によさそう

- なんでも残さず食べろって言われてても無理だよ
- お母さんは自分の嫌いな物は最初から作らないからずるい
- ご飯もおかずも量が多すぎ。ダイエットしようと思ってるのに分からないの？

HINT ペップな言葉を生むヒント

出したものを完食しないのには、体型が気になってあまり食べないようにしているとか、そもそも親が作る量が多すぎるとか、いろいろな理由があるようです。

誰でも苦手な食べ物や好き嫌いはありますよね。何を食べるかも大切ですが、どう食べるかも同じくらい大事だと思います。どうせなら楽しく食べることを優先しませんか？　不足している栄養素は野菜ジュースやヨーグルトなどで補う、くらいにおおらかに考えてもいいかもしれません。

ペップな言葉かけ

食べられる分はしっかり食べてね。多すぎたら残してもいいよ。

このトマト、直売所で買ってきたんだけど新鮮でおいしいって評判なんだよ！　ちょっと食べてみない？

ほほう、それはそそられるなあ

ちゃんとカロリー計算してるから全部食べても大丈夫だよ

そこまで考えてくれてるんだ、知らなかった……

想像上の観客

思春期の子どもたちには男女問わず、周囲からどう見られているかというのが切実な問題です。思春期に特徴的なこのような現象を心理学では「想像上の観客」と言います。「想像上の観客」とは自分が気になっている部分を自分と同じくらい気にして見つめている他人がいると考えてしまう心の働きです。

標準体型だと思うのに、痩せたい、ダイエットしたい、と思うのもそのためかもしれませんね。

片付けない　散らかす

仕事から疲れて帰ってきたら玄関で子どもたちの靴があっちこっち向いて脱ぎっぱなし。ダイニングに入ったら、食べたものも脱いだものも全部放りっぱなし。

早くご飯を作って、早くゆっくりしたい、という気持ちが台無しで「イラッ」としてしまう気持ち、よく分かります。

毎回「靴はそろえて」「出したら片付けて」と言うのに、どうして伝わらないんでしょうねえ？

つい言っちゃうよね
こんなこと

「帰ってきたら靴をそろえなさいって毎日言ってるでしょ！何回言ったら分かるの！」

「何、この散らかりっぷり！　なんで出したものを片付けられないんだ！」

「散らかさないでよ！　いやんなっちゃう！」

親の気持ち

- いつも言っているのにどうして直らないのかしら？
- 使ったら元に戻すって簡単なことがなんでできないんだ！
- 玄関が散らかっているとだらしない家に見えるからイヤだなあ

- 部活で疲れて帰って来た時にそんなに細かいこと言わないでよ
- 靴をそろえてないの、俺だけじゃないし
- 気付いたら片付けてくれたらいいじゃん！

HINT　ペップな言葉を生むヒント

リビングが散らかっていることを子どもに注意したとき「え、そんなにひどい？」と驚かれたことがありました。乱れた玄関や、散らかったリビングが子どもたちの目には映っていないのです。気付かなければ変えることはできないよなあと思ったできごとでした。

できていない時に叱るより、できている時に「玄関がキレイでうれしいなぁ。ありがとうね」と伝えてみてはいかがでしょうか。**感謝の気持ちを伝えると相手に響きやすいのです。**

ペップな言葉かけ

今日は玄関がキレイで気分がいいなあ。ありがとう！これからも頼んだよ！

あれ？　ほめられちゃった。ちょっといい気分！

帰って来た時にちょっとだけ自分の脱いだ靴をそろえてくれると、とっても助かるんだよねぇ。

あれ？　下手に出る作戦か？悪い気はしないけど。

仕事から帰ってきて玄関がキレイだと「さぁ頑張っておいしい晩御飯作るぞ！」っていう気持ちになるんだよね。

写真を撮って見せる

小さい頃ならいざ知らず、中学生になっても片付けられないのは困りものですよね。わが家では長男が汚部屋の天才でした。そんな長男に一番効いたのは「写真を撮って見せる」こと。ただただ客観的にフィードバックをしたんです。もちろん、少し片付けてきれいな時は「キレイになったね」の一言を添えて。これで随分と片付けるようになりました。

写真に撮ると、なぜか違う部屋のように見える不思議

お弁当箱や洗濯物を出さない

晩ご飯の洗い物が終わって一息つこうと思ったところで「あ、弁当箱出すの忘れてた」と言われたり、洗濯機を回してしまった後に体操服を出されたり。「もういい加減にして！」と思うこと、ありますよね。

このイラっとしてしまう気持ちは、自分で食器洗いや洗濯をしない子どもたちにはなかなか伝わらないものだなあと思います。でも、あきらめずに伝えていきたいですよね。

つい言っちゃうよね
こんなこと

「帰ってきたらお弁当箱をすぐに出してって言ってるでしょ！」

「何回言ったらできるようになるの？」

「幼稚園の時にはできてたのに、中学生になったらできないってどういうこと？」

- やっと洗い物が終わったと思ったのに、なんでこのタイミングで出すかなぁ
- 一晩放置したお弁当箱なんて触るのもイヤ
- 何回言ってもきちんとできないのはどうしてなのかしら？

- 完全に忘れてた
- 昨日は部活の練習がきつくてそのまま寝ちゃったんだよなぁ
- 別に今日着る服じゃないし。一日くらい洗濯が遅れたって大したことないでしょ

HINT　ペップな言葉を生むヒント

お弁当箱を出さない時、洗濯物を出さない時のために、事前にルールを決めておくのはどうでしょう？ 「お弁当箱を出し忘れたら自分で洗う」とか「お弁当箱を出さなかったらお小遣いでランチを買う」「体操服を洗濯に出し忘れたら体育の授業は見学する」などでしょうか。

親が助けてくれてあたりまえだと思っていると、助けてもらえない時に逆ギレするなどという理不尽な行動にでたりしますよね。**失敗もしっかり味わってもらいましょう。**

ペップな言葉かけ

今洗い物してるから、何かあったら今のうちに出してね。

あ、いけない！　忘れる所だった！
危ない危ない！

お、今日はちゃんとお弁当箱出してるね。とっても助かるわ。
ありがとうね。

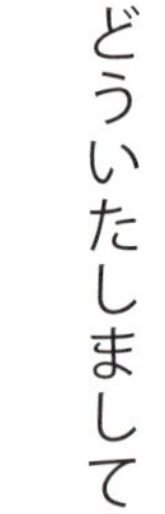

どういたしまして♪

体操服が必要なら、自分で洗って干すなり、汚れたのを
持っていくなりしてね

自立の日への準備

中高生になると、自分でお弁当を作るお子さんもいます。そこまでするのは難しいでしょうが、おかずだけ作っておいて、自分で詰めていくぐらいならできるのでは？また、お弁当箱を洗うのは子ども自身に任せてもいいかもしれませんね。

洗濯も、自分のものは自分で洗う、ということにしてはいかがでしょうか？

やがて来る自立の日々に向け、少しずつ準備をするのも大事ではないかと思います。

コミュニケーションもとれて一石二鳥！

スマホに夢中

スマホでゲームばかりしている子どもを見ていると「大丈夫なのかしら？」と思うこと、ありますよね。ニュースサイトなどで、スマホの使い過ぎで心身に悪影響があるという報告がチラホラ目に入ると、不安になるのはとてもよく分かります。

それと同時に、スマホごときに大事な青春の時間を浪費しているわが子に対する怒りとかいら立ちもふつふつと湧き上がってくるということ、ないですか？

つい言っちゃうよね
こんなこと

「いつまで動画ばっかり見てるんだ！
いい加減にしなさい！」

「SNSに変な投稿しないでよ！」

「スマホばっかり見ていたら目も悪く
なるし寝不足になるわよ」

●スマホを持たせたのはいいけれど、明らかに使い過ぎだよなぁ

●制限をかけた方がいいのだろうけど、どれくらいが適切なのかしら？

●ＳＮＳからの変な影響を受けないといいいんだけど

●推しのチャンネル、今日も動画が更新されてるから見なきゃ

●友だちから○○ってサイトが面白いって教えてもらったんだよね

HINT　ペップな言葉を生むヒント

もし、わが子が夢中になっているのが勉強だったら、親としてどう思うでしょうか？　たとえば、スマホをやるのと同じくらいピアノやサッカーの練習をしているとしたら、どうですか？　きっと「すごいなあ」「よく頑張っているなぁ」と思うに違いありません。

実はスマホを使って勉強していたのに怒られた、というのはわが家では良くある話なのです。**親子ともに、どういう視点で見るかが求められていますよね。**

そろそろ約束の時間だよ。楽しいとは思うんだけどキリのいい所で終わりにしてさ、お茶でも入れるから一緒に飲まない？

そういえば何にも飲んでない！
お茶飲もうか！

さっきスマホ見てる時、すっごく楽しそうな顔してたよ。
どんな所が楽しかったのか教えてよ！

え？ 説明は難しいなあ。一緒に見てみる？

お母さん、好きなアーティストができたんだけど、一緒に情報探してくれない？ ライブに行きたいんだよ！

認める気持ちも必要

ルールを決めずにスマホを持たせた場合でも、機種変更などのタイミングを利用して、使用ルールを決めておきませんか？　そして一旦ルールを決めたら、その中で子どもが楽しんでいることに対しては認める気持ちが必要です。ルールを守っているのに怒ったら、それこそルール違反になってしまいます。

また、最近はレポートをスマホの音声入力で書いている若い人たちもいます。スマホも学習のツールの一つ、という理解も必要かもしれません。

家で勉強しない

学校から帰ったら、荷物は放り出して、スマホ片手にゴロゴロ。こちらから話しかけても上の空だし、試験前でも全然勉強しているそぶりが見えない……。

ああ、わが家もそうです。そうなんです！　でも、ほとんどの中高生が、そんな感じなんじゃないかな？　帰宅したら手洗いうがいをさっさとすませて、普段着に着替え、さっと机に向かう、という中高生ってどのくらいいるんでしょうか？

つい言っちゃうよね
こんなこと

「少しは真剣に勉強したらどうなんだ！」

「やってできないならしょうがないけど、
全然勉強してないよね」

「そんなだから
成績もよくならないんだよ！」

親の気持ち

- うちの子、やればできると思うのに。やる気スイッチはどこにあるんだろう？
- テストの前だけでも真剣に勉強できないのかしら
- こんなじゃ将来が心配。大丈夫か？

- 勉強できなくても困らないしなぁ
- 勉強は適当にやって、行ける学校に行けばいいや
- 勉強、楽しくないんだよね。やりたくなーい！

HINT　ペップな言葉を生むヒント

多くの子どもたちが「なんで勉強しなきゃいけないんだろう」って考えているのではないかと思います。そして「やる気が出ないなあ」とも。

子どもたちがやる気にならない理由はなんでしょう？　わが家の場合には、「先生が嫌い」とか、「難しすぎてやる気を失くした」、「部活が楽しくて勉強している暇がない」なんて、いろいろな理由が出てきました。その理由を**解決するための方法も一緒に考えると、未来に向かって前向きな言葉が出てくる**のではないでしょうか。

ペップな言葉かけ

勉強が楽しくないなぁって思うのってどんな所かな？
できるだけ具体的に教えてくれる？

え？　理由なんて考えたことなかった！
どこが嫌なのかなあ？

「こういう時は勉強していても楽しいんだよなぁ」って思う
時はある？

ない！　あ、でも、社会の年表写すのとかは
好きだな。

好きな教科とか、好きな勉強からやるのもいいと思うよ。

勉強は将来役に立つの？

中学生くらいから将来の目標を設定して、目の前の課題にしっかり取り組んでいくのは理想的かもしれませんが、多くの子どもたちはそうではありません。「なんで勉強しなきゃいけないんだろう」とか、「この勉強って将来何の役に立つんだろう」と、勉強に身が入らない子が大多数ではないかと思うのです。私自身も学生時代はそう思っていましたが、皆さんはいかがだったでしょうか？　そしてそれでもまあ、大人になれていますからね。

科目による差が大きい

数学はそこそこできるのに、国語が壊滅的、とか、歴史はものすごく好きなのに、地理はアウト、なんてお子さん、たくさんいると思います。理解力がないわけじゃないのに、何でバランスよくできないのか、不思議に思いますよね。

親として、できない部分にどうしても目が行ってしまうので、余計不安になったり、イライラしたりするんじゃないかと思うんです。

つい言っちゃうよね
こんなこと

「数学のこの点数、ひどすぎる！
もっと勉強しろよ！」

「英語だけでも塾に行きなさい！」

「苦手なんて言ってる場合じゃないだろ！」

- 苦手な科目があるのは分かるけど、それにしてもひどすぎない?
- まんべんなくできてほしいんだよなぁ
- バランス悪いと将来苦労するぞ

- 数学は見るのもイヤ
- 英語は見ただけで吐き気がする
- 社会は得意なんだけど、できても全然ほめてくれない!

HINT ペップな言葉を生むヒント

「英語が苦手」「数学が苦手」なのは、どこかにつまづくポイントがあったはずです。

まずはじっくり勉強につきあってそれを見つけませんか? 自分でつきあう余裕がなかったら、家庭教師や塾のチカラも借りるといいですよね。数学がひどく苦手だったうちの娘たちは、九九がきちんと理解できていなかったのがネックでした。「これができたら楽になるよ」と声をかけながら一緒にやったら、中二で九九をマスターし、苦手意識が少し薄らいだようです。

ペップな言葉かけ

誰にでも苦手な科目ってあるよねぇ。例えばこの問題なんだけど、どこまで分かってるのか教えてくれる？

全部分かんないと思ってたけど、分かってる所もあるんだなあ！

社会のテスト、こんなにできているってすごいよね。苦手な科目もあるみたいだけど、得意な所をたくさんやってみたらどうかな？

得意な所だけ？　それでいいのかなあ？
苦手な所にもチャレンジしてみようかなあ？

あるもの承認

親としてはできない部分に目がいってしまいがちですよね。こんな時には「あるもの承認」を思い出して、まずは自分の心を落ち着かせましょう。できている所は、勉強でなくてもいいのです。まずはわが子のいい所をしっかりと確認して、それから苦手科目の解決に一緒に取り組むのはいかがでしょうか。

親が「あなたには素晴らしい部分がたくさんあるから大丈夫」と思ってサポートすると意外と素直に受け入れてくれるようです。

習い事が続かない

どうしてもやりたいというので始めた習い事がうまくいかず、すぐに辞めるといわれたら、「何をあまったれたこと言ってるの？」なんて言いたくなっちゃいますよね？

逆に長く続けてきた習い事を突然辞めたいと言いだされたら「せっかくここまで続けたのになんで？」って思いますよね？

辞めたいと言われて辞めさせてもいいのか、判断はなかなか難しいです。

つい言っちゃうよね
こんなこと

「やり始めたばっかりなのに
もう辞めたいってどういうこと？」

「ちょっと大変なぐらいで辞めていたら、
これから何をやっても続かないぞ！」

「せっかくやってきたのに辞めちゃう
なんてもったいないよ」

●せっかくここまで続けたのに、もう少し頑張れないのかな？
●ひとつのことを続けるのって大切だと思うんだけど
●何をやっても続かないなんて、うちの子、根気がなさすぎるんじゃないかしら？

●自分がやりたいと思って始めたわけじゃないんだよ
●やってみたら想像と違って全然面白くないんだよなぁ
●めっちゃ苦手な先生が担当なんだけど、そんなこと言えないしなあ

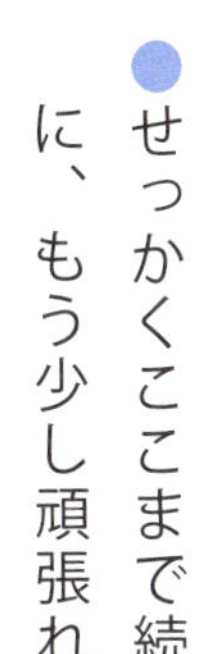

HINT　ペップな言葉を生むヒント

　習い事を辞めたいと言った時には、その理由をじっくり聞いてみてください。どんな理由でも、まずフラットな気持ちで「そうなんだね」と受け入れ（受容し）て、それから「これからどうするか」を話し合ってみると意外にうまくいきます。続けるだけが正解ではありませんものね。

　一つのことを続けるのも素晴らしいことですが、切り替えて新しい道が拓けるということもあります。わが子が本当に納得できる選択をサポートしましょう。

ペップな言葉かけ

ピアノ辞めたくなったんだね。せっかくここまで頑張ってきたから残念な気持ちになっちゃうんだけどさ。どうして辞めようと思ったのか教えてよ。

あれ？ だめって言われると思ったら理由を聞かれるんだ……

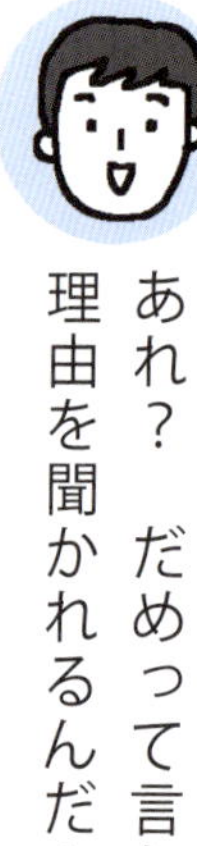

お父さんが英語を話せないからあなたには話せるようになってほしいと思ってすすめたんだけど、あんまり楽しくなかったってことなのかな？

そうか、お父さんが英語をすすめるには理由があったんだな〜。

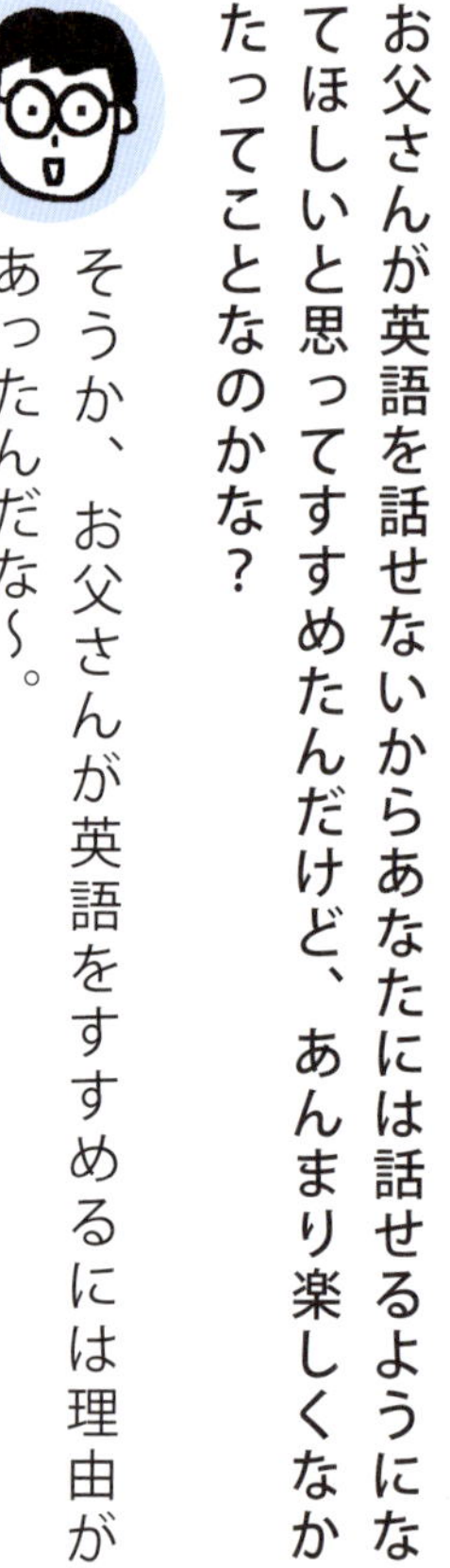

やりたいことがたくさんあるのはいいことだと思うよ。でも、「ここまでできたら次に進む」って自分の中で決めてから辞めてもいいんじゃないかな。

辞めたいと言われたら

ＩＰＳ細胞の研究でノーベル賞を受賞した山中先生は、整形外科医時代に手術がとてもヘタクソで、臨床から研究の道に切り替えたのだそうです。それで結果的にノーベル賞を取るほどの研究者になられのですから、途中で辞めたり方針転換をしたりするのも悪くないですよね。

辞めたいというわが子を受け入れられないのは自分の中で何か理由があるのでしょうか？　何故そう思うのでしょう？　その理由を考えてみてはいかがでしょうか？

いつもギリギリ

子どもってなんでギリギリになって必要なものを言ってくるんでしょうねえ？

「あ、今日の授業で●●がいるんだった！」

「あ、ハンコ押して！」「書類にサインして」なんて……。

急に言われても、対応できるものとできないものがあるし、親のほうも仕事に出かけるのに支度は必要。自分がその日必要なものを準備するのに精いっぱいなのに、さらに急にいろいろ言われたら、プチッとキレたりしちゃいますよね。

つい言っちゃうよね
こんなこと

「忘れ物しないでよ！」

「届けてなんてあげないよ！」

「行く直前になっていろいろ言うのやめてよ！」

「何でもっと早く言わないの！」

- 忘れ物って成績にも影響するよね？
- 前の日に準備しとけばいいのに！
- ギリギリになったときのしわ寄せはいつもこっちだよね！

- あれ、昨日宿題やったのに、どこにいっちゃったんだろう？
- ヤバい！　校外学習の申し込み今日までだった！
- あ、模試の申し込み忘れてた！

HINT　ペップな言葉を生むヒント

子どもたちには、自分のことは自分でできるようになってほしいというのが親としての本音ではないでしょうか？

いつまでもお世話を期待されても困ります。極力自分のことは自分で管理してもらい、時には失敗を経験させることも大切ではないでしょうか。

遅刻や忘れ物をして困るのは子ども自身です。そして失敗するからこそ得られる経験もあるはず。「次からは気をつけよう」と**本気で反省して行動が変わったら、失敗も成長のチャンス**にできますよね。

今、来週の仕事に必要な物を確認してるんだけど、あなたはどう？　必要なものがあったら早めに言ってね！

※週末の落ち着いている時間に

できるだけ余裕を持って準備して、その時にサインする書類も出しておいてくれると助かる。時間がない時に頼まれると、こっちも焦っちゃうんだよね。

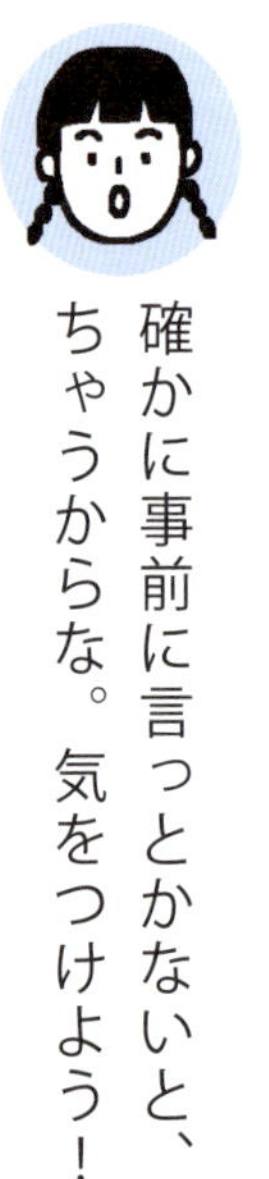

確かに事前に言っとかないと、キレられちゃうからな。気をつけよう！

ギリギリになって慌てないためにできることは何かな？
ちょっと一緒に考えてみない？

朝バタバタしないために

　みんながバタバタしている朝になって「あれがない」「これが必要」と言われて、落ち着いてにこやかに対応できる人はほとんどいないと思います。

　朝慌てないためには、週末など落ち着いた時間にポジティブな言葉かけをしておくのが効果的ではないでしょうか。「今ならニコニコしながらハンコ押します！」「今なら足りないものを買いに行くこともできます！」なんて、余裕のあるうちに伝えてみると「あ、そういえば」と思い出してくれるかもしれません。

やりたいことが見つからない

　頑張ればなりたいものになれる、やりたいことができるのに、どうしてそれを本気で探そうとしないの？　見ていてイラッとしちゃうこと、ありますよね。

「どうせだめだし」「めんどくさいし」と、チャレンジする前にあきらめてしまうなんてもったいない！

　でも、もしかしたら自分たちの若い頃もそうだったかも。そもそもやりたいことがある子の方が珍しいのかもしれませんね。

つい言っちゃうよね こんなこと

「ねぇ、将来のこと本気で考えてるの？」

「夢とか、こんな仕事についてみたいとか、そういうのはないの？」

「大学で何を勉強するつもりなの？その先のことはどう考えてるの？」

- 日本ってまだまだ学歴社会。ちょっとでも上を目指すっていう気概はないのか!
- 夢に向かって努力する子になってほしいんだよね
- 手に職をつけておけば生活に困らないと思うんだけど

- 将来やってみたいことって言われても全然ピンとこないんだよなぁ
- 芸人とかユーチューバーとか面白そうだなぁ
- 高校は制服がかわいければどこでもいいや

HINT　ペップな言葉を生むヒント

神戸大学の西村和雄特命教授は自分の人生を自分で決めることが幸せにつながるという研究結果を発表しました。

わが子の将来を思うがゆえにあれこれと口を出したくなるとは思いますが、**子どもが自分で進路を決めていく過程を応援した方が子どもの幸せに繋がる**可能性が高いのです。3つの質問スキル（41ページ）で説明したように、子どもがどうしたいのか、その思考の整理を後押しするような言葉かけを意識してみましょう。

ペップな言葉かけ

行きたいのはA高校なんだね。どうしてそう思ったのか詳しく教えてよ

何でも好きなコトやっていいよ、って言われたら何をしてみたい？

これやってる時ってワクワクしてつい時間も忘れちゃうんだよなぁって思うことってある？

え？　何その質問。そりゃ毎日ゲームと動画だけ見て暮らせたら幸せ…かなあ？

やりたいことが見つからない時は、まず色々チャレンジしてみるっていうのも一つの手だと思うんだけど、どうかな？

自己決定が幸せを呼ぶ

前述の西村先生の研究では、「自己決定」が「学歴」よりも、「年収」よりも、人の幸せを決定づけるということが分かったそうです。お金や学歴ではなく、自分で選び取った自分の人生であることが人を幸せにするって、なんだかすごく納得感がありました。

「子どものため」と言いながら、親が子どもにしようとしているのはその自己決定権を奪うことではないか。常に自戒しながら子どもと向き合っていきたいと思うのです。

進路が決まらない

「こんなにイライラモヤモヤするなんて、自分の時より大変！」

お子さんの進路を決めるとき、ほとんどの親御さんはそう思うのではないでしょうか？　優柔不断で、少しでも楽をしようと思っているようなわが子を前に、代われるものなら代わって、自分が頑張ったほうがラク！って思っちゃいますよね？わが家は長男と双子の娘たちが同時に進学します。彼らの進路に夫婦で振り回されているような所がありました。

つい言っちゃうよね
こんなこと

「まだどこの学校に行きたいかも
決まらないの?」

「もっと勉強しないとろくな高校
行けないぞ!」

「自分のことなんだから真剣に考えてよ!」

- 高校は義務教育じゃないし、自分でしっかり考えてほしいなぁ
- 「制服がかわいい」とか「家から近い」なんて理由で進路を選ぶのはやめて！
- なんでちょっとでも偏差値の高い学校に行こうって思わないんだろう？

- そもそも進学先ってどうやって選べばいいのかな
- 行ける高校でいいよ、どうせやりたいことないし
- 高校とかよく分からないから友だちといっしょでいい

HINT ペップな言葉を生むヒント

子どもの進路に真剣に向き合っているその奥には「失敗させたくない」という想いはありませんか？

「やりたいことが見つからない」の所でも説明しましたが、将来子どもに幸せになってほしいのであれば、たとえ失敗したとしても、自分で進路を決めさせることが大切です。

「どんな選択でもあなたを信じて全力で応援するよ」、という気持ちでいれば、前向きな言葉もかけやすくなるはずです。

ペップな言葉かけ

今度県内の高校が集まる説明会があるんだって。まずはどんな学校があるのか一緒に見に行ってみよう！

一緒に行ってくれるなら行ってみようかなあ？

ママは行きたい学校より行ける学校で決めちゃったから、『ココに行きたい！』って決めた高校に通っていた友だちがみんな楽しそうでうらやましかったんだよね。

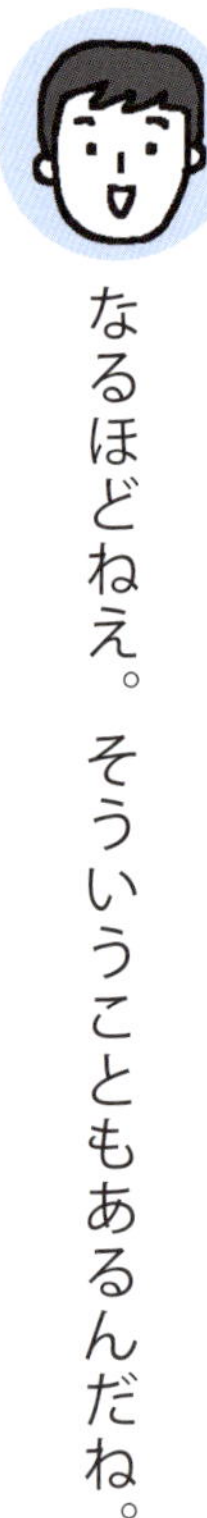

なるほどねえ。そういうこともあるんだね。

最終的に決めるまでまだ時間はあるし、いっぱい悩んでもいいと思うよ！

一番いい学校とは

身もふたもない言い方になりますが、どんな学校に進学しても、そこがその子にご縁があったのなら、そこが一番いい学校、というとらえかた変換もできます。

第一志望に落ちたからといって、人生がそこで終わってしまうほど単純ではないし、大切な三年間の学校生活を､「第一志望ではなかったから」と思いながら送るのか、「第一志望ではなかったけど」と思いながら送るのかで、大きな差が生まれるのではないかと思いませんか。

14 現実と希望がかけ離れている

将来の夢がないかと思えば、突然「プロ野球選手になりたい！」とか「インフルエンサーになりたい」なんて、突拍子もないことを言い出すのが思春期の子どもたち。

もう少し現実を見なよ！ それに見合った努力はしてるの？ そんなに甘くないよ！ なんて、否定的な言葉ばかりが口から出てくるのではないでしょうか？

なんで「ちょうどいい」所で落ち着いてくれないんでしょ？

つい言っちゃうよね
こんなこと

「プロ選手（アイドル）になりたいなんて夢みたいなこと言うんじゃない！」

「口ばっかりで全然頑張ってないよね？」

「世の中そんなに甘くないよ！」

- 夢みたいなこと言ってないで堅実に生きてくれないだろうか
- 口ではあれこれ言うけど、ちっとも努力してない！
- 夢がかなう人のほうが少ない世界。無理に決まってる

- 「夢は大きい方がいい」って言ったのはそっちだよね
- プロ（アイドル）になんかなれないって言われたら、すごく悲しくなる。応援してほしいのに！
- 難しいかもしれないけど、ちょっと目指してみようと思ったんだよね！

ペップな言葉を生むヒント

現実と希望があまりにもかけ離れている時に、それを真正面から指摘しても不愉快にさせるだけ。いい結果は得られません。「そうなったらうれしいなぁ」といった程度でとどめておくのがいいのではないでしょうか。

ただ、あまりやりすぎると嫌味になってしまうので、サラッと受け流す程度にしておきましょう。言葉をかけるだけではなく、あえて聞き流すことで子どもが自分自身でどうすべきか考えるきっかけになるということもあるのです。

プロ選手（アイドル）になれたらすごいよなぁ。応援してるから頑張れよ。

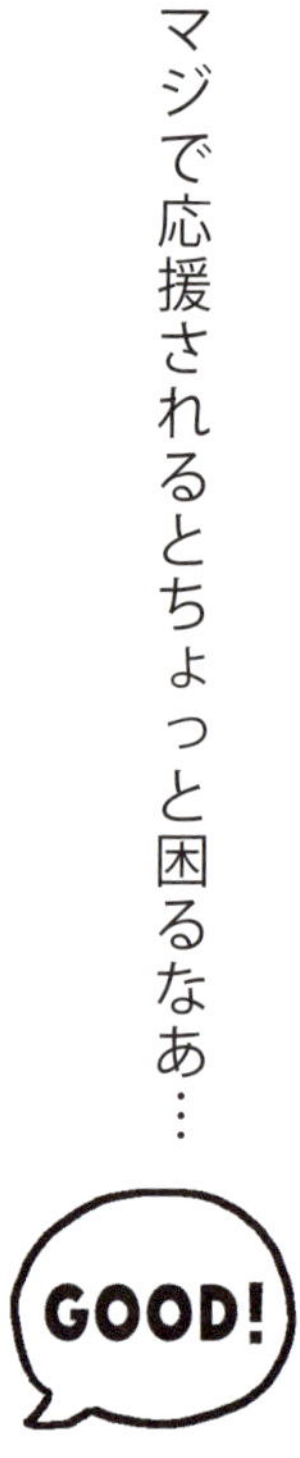

マジで応援されるとちょっと困るなあ…

夢は大きい方がいいっていうもんね。その夢の実現の為にどんなことをしていったらいいか一緒に考えてみようか？

う、前のめり！　やれるって思ってくれてるのかな？

口に出せば夢に近づくって言うよ。勇気を出して言えたのがすごいよ！

アンビバレント

「将来は東大を出て弁護士になる！」と口では威勢のいいことを言っておいて、実際にはゴロゴロしているだけ。思春期にはよく見られる傾向です。心理学でいう「アンビバレント」と呼ばれる状態と考えてよさそうですね。

アンビバレントとは「両価性」と訳されることもありますが、簡単に言うと「頑張りたいけど、頑張れない」といった、相反する感情を同時に持つことを指します。痩せたいけど食べたい、と似ているかもしれませんね。

15 生活できるようになるか

学校には通っているけれど家ではゴロゴロしてばかり。将来なりたい職業を聞いたら「ニート」と言われて、「働く気もないの？」と聞くと「じゃあフリーターでいいや」と言われてがっかり。

親だっていつまで子どもの面倒をみられるか分からないのに、しっかりしてほしいと思いますよね。

もう少し堅実に将来を思い描いて、少なくとも自分の生活は自分で賄えるようになってほしいものです。

つい言っちゃうよね
こんなこと

「毎日ダラダラしているだけじゃないか。
将来どうするつもりなんだ」

「いつまでも親に頼る気じゃない
でしょうね」

「勉強する気がないなら家を出て
一人で暮らしてみなさいよ！」

- 将来一人でやっていけるのかしら？
- ちゃんとした仕事について独り立ちしてほしい
- 一人前になるためにしっかり勉強した方がいいのに。何でそんなことも分からないのかしら

- 大人を見ていると働きたくなくなるんだよなぁ
- できるだけ楽して暮らしたいなぁ
- 親元で暮らしてれば何とかなるでしょ

HINT　ペップな言葉を生むヒント

「真面目に働いて、自分で生計を立てられるようになってほしい」。これは子育ての共通の目標と言えるかもしれませんね。

子どもが「大人になりたい！」と思うには、大人たちが楽しそうに暮らしていることが大切なのではないでしょうか？　仕事をし、子育てをし、家族で暮らすことが楽しいと感じれば「自分もそうなりたい」と考えるはずです。セルフペップで自分を励ましながら毎日を楽しく暮らすように努めてみましょう。

ペップな言葉かけ

働いて、誰かの役に立つからお給料をもらえるんだよね。それってうれしいことなんだよ。

へえ、働くことがうれしい？　そういうこともあるのか。

初めてお給料もらったとき、自分のお金で自分が欲しいものを買えるって幸せだなあって思ったよ。

バイトのお給料もらったときうれしかったもんなあ

自分の頑張りが家族を支えているんだって思うと結構頑張れるものなんだよ。

大人に接する機会を

最近の子どもたちは、親と先生たち以外の大人に接する機会が本当に少なくなっています。

人生にはたくさんの選択肢があるのだから、すてきに生きている大人たちとの接点をたくさん作ってあげたいなあと思いませんか？

職場に連れて行って尊敬する上司や先輩に会わせるとか、親せきの家に子どもだけで滞在させてみるとか。そういう中で「あんな大人になりたい」と思える人を見つけることも大事ではないかと思います。

希望の進路にお金がかかりすぎる

私立の音大だと４年で８００万円！　私大の薬学部は６年間で１２００万円！　そんな資料を見ていると頭がクラクラしてきちゃいます。

今まさに二人のお子さんを大学に通わせている方から、「水道の蛇口を全開にして水がジャーって流れ出ていくようにお金が出ていく」と言われました。わが家では三人同時に大学に通う可能性もあるんです。ない袖をどうやって振るか、頭の痛い問題ですよね。

つい言っちゃうよね
こんなこと

「音大に行きたい？　いくらかかると思ってるのよ！」

「やりたいことも決まってないのにそんな学費出せないよ！」

「私立なんか絶対ムリ。国公立行けないなら大学はあきらめて！」

親の気持ち

- 出せるものなら出してあげたいけど、正直厳しいなぁ
- 学費は親が払って当然だと思ってほしくないな
- お金がなくて夢をあきらめさせるのはかわいそうだから何とかしたんだけど

- 美大に行きたいけど、うちは貧乏だから無理だよなあ
- 本当は理系に進みたいんだけど、大学院まで行かないと就職が難しいって。言い出しにくいなあ。
- 学費ってそんなにかかるの？

HINT　ペップな言葉を生むヒント

わが子のためなら何でもしてやりたい、と思っても先立つものがないと…。

ただ、本当は親として子どもの夢に寄り添えないことが悲しいのに、それを認められずに子どものせいにしていないか、理不尽に怒っていないかだけはご注意を！

経済的に厳しくても「あなたの希望にすぐに寄り添ってあげられなくて悲しい」という気持ちを素直に伝えることで、少なくとも親には、自分を応援してくれる気持ちがある、ということは伝わります。

ペップな言葉かけ

あなたの夢は全力で応援したいと思うけど、学費を全額出してあげられないのが申し訳ないと思っている。何か方法がないか一緒に考えてみよう

え？　親に出してもらう以外に方法があるの？

あなたの夢をかなえるために、どんなルートがあるか、大学に行く以外にも方法がないか、考えてみよう

大学に行かなくても〇〇になれるんなら、それでもいいなあ。

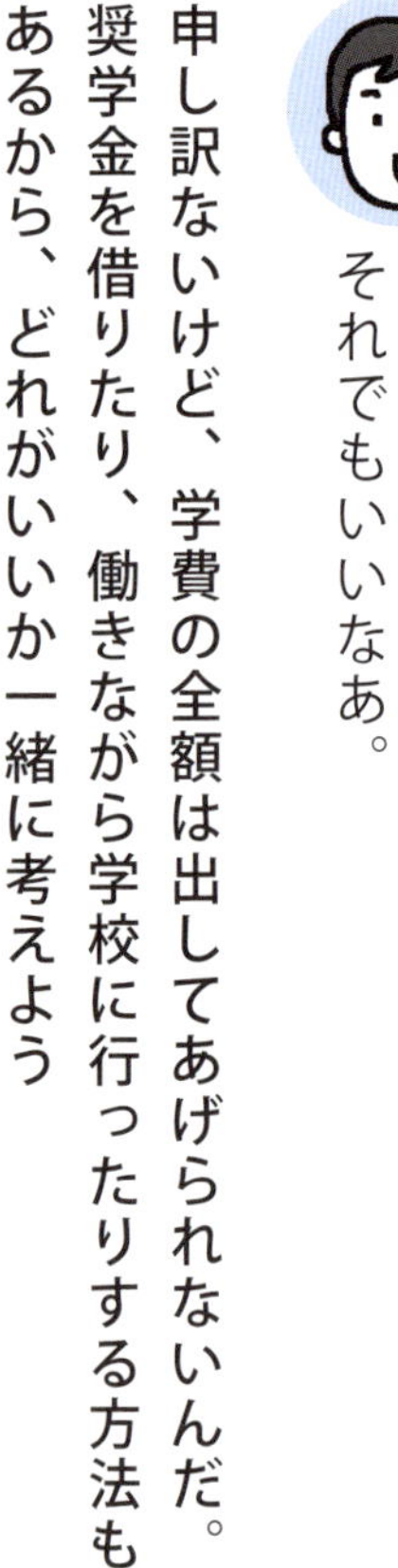

申し訳ないけど、学費の全額は出してあげられないんだ。奨学金を借りたり、働きながら学校に行ったりする方法もあるから、どれがいいか一緒に考えよう

奨学金制度の利用

最近では国の修学支援金制度を利用して進学する方法もあるようです。公的な奨学金だけではなく、企業や財団などが返還不要の奨学金制度を運営している場合もあるので、アンテナを広く張っておきましょう。ほぼ学費負担なく卒業する方法もないわけではないのです。

また、奨学金とはいえ、返済が必要なものは借金ですから、そのことも冷静に話し合っておくことが大切です。

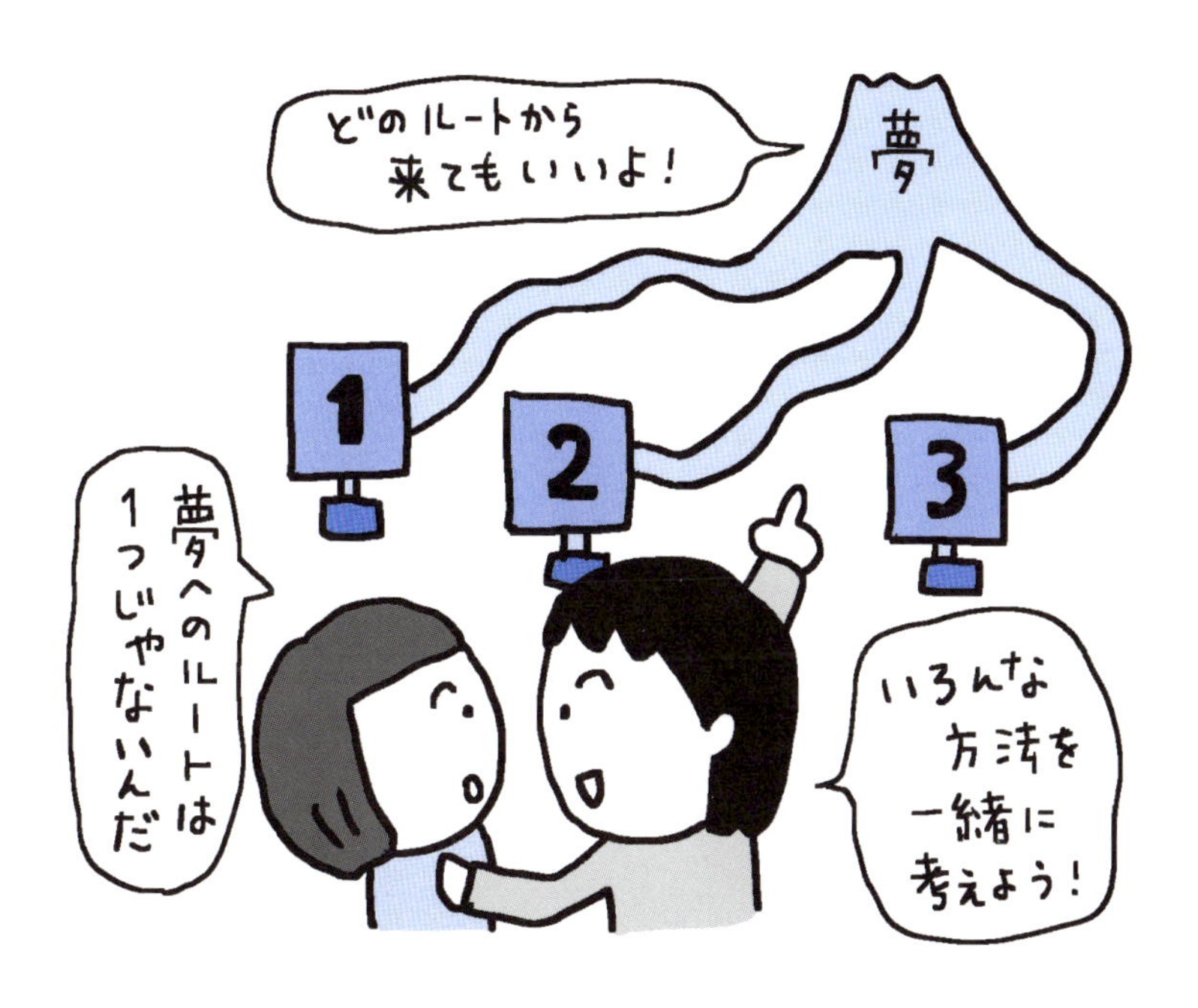

お金にだらしない

みなさんはお子さんたちのお小遣いってどうしていますか？　わが家はお小遣い制で、毎月定額を三人の子どもたちに渡しています。

でも、下の娘たちはしっかり貯めこんでいますが、長男はパァーっと使っちゃうんです。お年玉だって、貯金もせずに、気が付いたらすっからかん。子どものお金の使い方ってもったいないなぁって思うこと、ありますよね。

つい言っちゃうよね こんなこと

「無駄遣いしないで！」

「そんな使い方するならお小遣い減らすぞ！」

「そんな人にはお年玉はあげません！」

親の気持ち

- どうせ使うなら生きたお金の使い方をしてほしい
- 飲み食いだけで消えるのは何とかならないかな
- もらうときだけいい顔して腹が立つ！
- お金をためるってことを考えないんだろうか？

- 貰った小遣いを何に使ったって俺の自由だろ
- 全然足りない！　もっと上げてくれないかな
- 簡単にお金が手に入るバイトってないかなあ

HINT　ペップな言葉を生むヒント

この本をここまで読んでくださった方には、「無駄遣いしないで」という言葉が子どもに何をイメージさせるか、分かっていただけると思います。そう！「無駄遣い」をイメージするんですよね。

お金の貸し借りは絶対にしない！　おいしいバイトに飛びつかない！　など最低限のルールを決めておくのはいいと思いますが、**無駄を経験することで将来本当に生きたお金の使い方を学べるチャンスにできる**、という考え方も大事だと思いませんか。

ペップな言葉かけ

パパもさ、本当はもう少しお小遣いを増やしてほしいんだけど、決まった金額の中でやりくりするのも結構楽しいんだよね

やりくりが楽しい？　そんなことあるの？

学校でお金の授業が始まったんでしょ？どんな内容を勉強しているのか、パパにも教えてくれないかな

手元にあるお金を増やすっていう考え方もあるよいろいろ調べてみたら？

お金を増やす？　そんなことできるの？いいじゃん！

お金の勉強も大事

最近では学校で金融リテラシーの授業も行われているようです。お金についての正しい知識を思春期のうちに学べるのはとてもいいことだと思います。

学校で授業がなくても、実用書のコーナーには思春期の子どもたちがお金について学べる本がたくさん出ていますし、動画サイトでも人気のチャンネルがあります。お小遣い以外のお金の手に入れ方、増やし方など、ただ消費するだけではない視点も持ってほしいですよね。

18 家庭を持つことに否定的

子育てのゴールの一つに「家庭を持つこと」もあるかもしれません。でも最近「一生一人でいい」という若い人も増えているようですよね？

「やっぱり家庭を持って一人前って言われる所があるからね」

「早くいい人みつけて結婚してよ！」

「さっさと結婚しないといい相手がいなくなるぞ！」

親の気持ち

- パートナーがいてくれたら安心して託せるのにな
- 結婚してこそ一人前っていうじゃない？
- 一生一人だと不便じゃない？

子どもの気持ち

- 一人の人とずっと暮らすなんて考えられない
- 結婚とかイメージできないし、まだまだ先のことだと思う
- 最近は結婚しない人がどんどん増えてるんだよ。パパもママも分かってないなぁ

ペップな言葉を生むヒント

「できることならいいお相手を見つけて結婚をして、孫の顔も見せてほしい」。そんな未来を思い描いてしまうのは、今まさに子育てをしている皆さんが、子どもと過ごす日々の良さを実感されているからですよね。

ただ、結婚するかどうか、子どもを持つかどうかは、本人の選択です。それでも思春期の今のうちに「結婚してよかった」「あなた（たち）と過ごせて幸せだ」と、繰り返し伝えていくことが、将来結婚したいという気持ちの種まきにはなると思うのです。

ペップな言葉かけ

- パパは結婚してあなたたちと暮らせて本当によかったと思ってるよ。子育てってね、正直大変なこともあるんだよね。でもその何倍も楽しいことにも出会えるんだよ
- 年齢も育った環境も違う二人が一緒に暮らすんだもの。色々あって当然だよね。でも、その違いを乗り越えて分かりあえたら本当に素敵なことだと思うんだよ
- 結婚して子どもを持つことだけが幸せでないことは理解しているつもりだけど、あなたたちを授かったのは私の人生の中で一番幸せなことなのよ

あなたにも悪い所があるんじゃない？

友だちとの関係がうまくいっていないようで、ちょっと不機嫌だったと思ったら、家ではきょうだいでケンカ。機嫌が悪い人が一人いるだけで、家全体の雰囲気が悪くなるし、お互いにイライラが募ります。

「もうちょっとみんなとうまくやってよ」「八つ当たりしないでよ！」と思うことありますよね。

人間関係でつまづくなんて、将来大丈夫かな？という不安もあるでしょう。

つい言っちゃうよね
こんなこと

「あなたにも悪い所があるんじゃないの？」

「ケンカしてないで上手くやれよ」

「くだらないことでもめるのやめてくれる？」

親の気持ち

- 些細なことでケンカしないでほしいなぁ
- 子どものケンカに親が口を出すのもどうかなあ
- うちの子、気が強いから周りの子に嫌われてるんじゃないかな

- お母さんには味方でいてほしかったのに怒られた
- 絶対に向こうが悪いんだよ。アタシのせいじゃないし
- ついケンカしちゃったけど、何でこうなっちゃったんだろう?

HINT　ペップな言葉を生むヒント

思春期にもめごとはつきもののようです。子育てをしていると、些細なことからちょっと心配になるようなことまで、色々なトラブルを経験しますよね。

雨降って地固まると言いますが、**トラブルを乗り越えることで新しい関係が築ける**場合もありますし、「すべての人と分かりあうのは難しいから、通じ合える人を大切にしていこう」と考えていくことも必要かもしれません。**時と場合によっては逃げるが勝ち**、と考えるのもアリだと思います。

ペップな言葉かけ

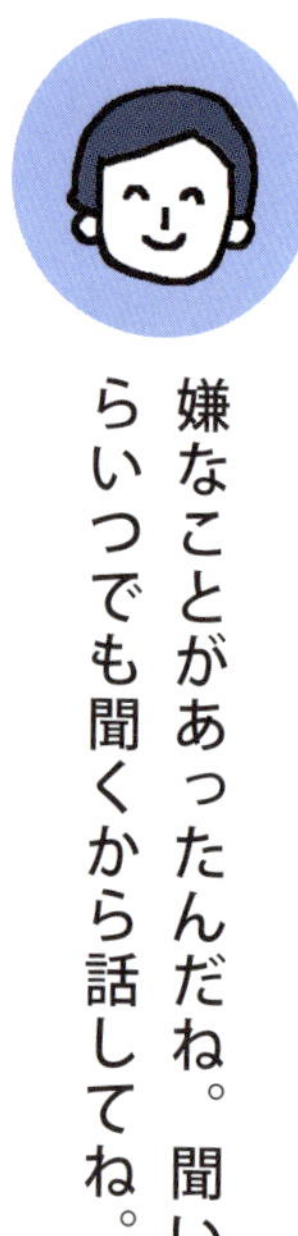

嫌なことがあったんだね。聞いてほしいと思うことがあったらいつでも聞くから話してね。

誰かと上手くいかない時ってあるよね。でも、ケンカしちゃうのって相手に分かってほしいって思っているからじゃないかな。

相手に分かってほしいって思ってるのかなあ。そうなのかなあ？

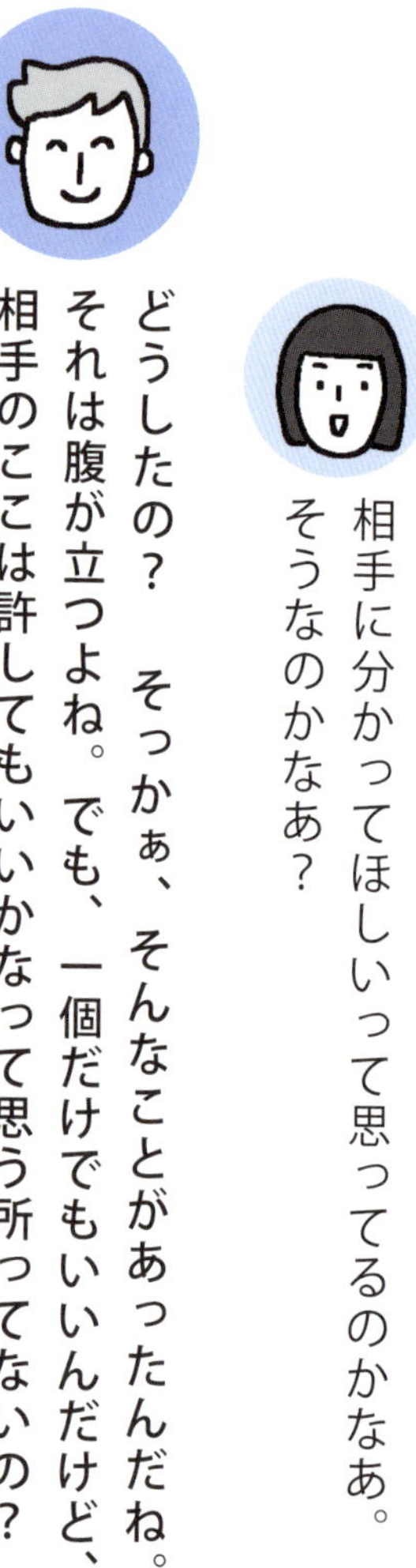

どうしたの？　そっかぁ、そんなことがあったんだね。それは腹が立つよね。でも、一個だけでもいいんだけど、相手のここは許してもいいかなって思う所ってないの？

許してもいい所？　あるのかな？ないような気もするけど……

親はわが子の味方

思春期のもめごとって、「昨日の味方は今日の敵」みたいになって、常に誰かが排除されている状況になりがちです。これはある意味「いじめ」ですよね。

あまりにエスカレートしていると感じたら学校の先生に相談するとして、親は基本的にはわが子の味方でいいのではないかと思います。「アイツがいなくなればいいのに」というような強めの否定をするときにも「何か嫌なことがあったんだね」と感情に寄り添うような言葉かけをするように心がけましょう。

恋人とか まだ早いからね！

中学生くらいになると異性との付き合い方も変わってきます。スマホがあれば親には内緒でやり取りができてしまうし、恋愛についても、異性との交際についても、親の目の届かない所から、さまざまな知識が入ってくるのです。

うちの子に限って、と思ったり、いやいやうちの子だって分からないぞ！と思ったり。

見えない所で、交際が深まっていくのは本当に心配ですよね。

つい言っちゃうよね こんなこと

「恋人とかまだ早いからね！」

「ヘンな付き合い方してないでしょうね」

「やることやらないで、カノジョ（カレシ）とか、冗談じゃないよ！」

親の気持ち

- うちの子に付き合ってる子がいるってママ友から聞いたんだけど、どんな子なんだろう？
- 恋に夢中で勉強とか部活に身が入らなくなると困る！
- 興味本位でお付き合いがエスカレートしないかなあ

子どもの気持ち

- 親に言うとあれこれ言われるからあんまり話したくない
- お父さんもお母さんも心配し過ぎなんだよ
- 今はいい感じなんだからとりあえず放っておいて！

HINT ペップな言葉を生むヒント

中学生くらいになると男女が「付き合う」という関係も始まります。

個人差が大きいとは思いますが、中学生くらいだとまだ付き合い方もカワイイもの。それに、**最近の子どもたちはくっついたり、離れたりのサイクルも早い**のです。

あまりヤキモキしすぎず、「うちの子と付き合うなんて、なかなか見る目があるね～！」「いいなあ！　青春！」などと余裕を持って見守りたいものです。

ペップな言葉かけ

彼女ができたんだってね。いいなぁ、青春してる感じでうらやましい。

ちょっと照れるけど、認めてくれてるみたいでうれしいな。

やさしくて思いやりのある男性がモテるって言うからね。家でもやさしい男子でいてね。

最近よく笑うようになったと思ったらカレシができたのかぁ。笑顔でいる方がかわいく見えるからその調子で頑張ってね。

応援してくれるんだ！　よかった！

性に対する正しい知識を

　思春期は性への目覚めの時期でもあります。男女ともに、自分を大切にし、相手も大切にできるような交際をしてほしいのですが、興味本位でまき散らされている情報には、それに反するものもたくさんあります。

　誤った情報や知識をうのみにしないように、折に触れて家庭でも性に関することを話題にしていきましょう。恥ずかしい、照れくさい気持ちがあるなら、正しい知識が取り上げられている本をさりげなく渡すなどしてもいいですね。

色々聞きたいけど、うるさがられない程度にガマン!

いじめられているんじゃないでしょうね

何となく元気がないなぁと感じるようになったり、以前はよく話していた友だちの話題が急に出てこなくなったり。家にいる時に自室にこもるようになったり……。

「うちの子、もしかしていじめられているんじゃないか？」と心配になること、ありますよね。

でも、子どもが親に「いじめられている」と打ち明けることは、本当にまれなのだそうです。親には話してくれないんですね。

つい言っちゃうよね
こんなこと

「お前、学校でいじめられているんじゃないだろうな？」

「いじめられるとか冗談じゃないぞ！なめられんなよ！」

「相手は誰なの？　先生には相談したの？どんな風にいじめられてるの？」

親の気持ち

- まさかうちの子がいじめに遭うなんて考えてもみなかった
- 学校の先生は何をしてるんだ！
- うちの子をいじめるなんて、相手をやっつけてやりたい！

子どもの気持ち

- 親に自分がいじめられてるなんて言えるわけないよ
- 学校の先生に相談したけど取り合ってくれなかった
- いじめられるって、私に悪い所があるからなんだ。私が悪いんだ！

HINT ペップな言葉を生むヒント

もし、自分の子どもがいじめに遭っていることを話してくれたら一旦は聞き役に徹しましょう。

少しでも早く状況をよくしたくて、頭の中では解決する方法を考え始めているかもしれませんが、それは次のステップ。

ひと通り話し終えた様子が見えたら、「話してくれてありがとう」「パパもママもあなたの味方だよ」と伝えて、子どもが「話してよかった」という気持ちになるように努めます。

勇気を出して話してくれてありがとう。すごく辛かったよね。

ふうっ。やっと言えた。

これはしてほしいとか、これはしてほしくないってことがあったら教えてくれる？

パパもママも何があってもあなたの味方だからね。これからどうしたらいいか、一緒に考えてみよう

話してよかった。怒られるんじゃないかと思った

子どもの心と体を守る

わが家の娘たちも小学校の時に学校でいじめに遭ったことがありました。その時は先生方と連絡を取り合い、何度か学校に足を運び、状況を改善することができましたが、いじめに「これ」という特効薬はないんだなあと実感しました。

しいて言うならば、親が子どもを守るために時間も手間もおしまないという姿勢を、相手にも学校側にも見せることでしょうか。何より子どもの心と体を守ることが第一ですからね。

あなたがいじめてるん じゃないでしょうね

　最近ではＳＮＳなどネットを通じたいじめが問題になっています。匿名性が高いゆえに、面と向かっては言わないような言葉を打ち込んだり、不満をぶつけたり、ミスを必要以上に責め立てるということがあります。

　わが子に限って変な発信をしていないと信じたいという気持ちでいても、チラッと見えたスマホの画面に打ち込まれた内容や、普段の言動から、「もしかして」と不安になることがありますよね。

つい言っちゃうよね こんなこと

「さっきのライン、ひどい言葉が見えたよ！　誰かをいじめたりしてないでしょうね」

「先生からあなたがいじめてるって連絡があったよ！　なんてことしてくれたの！」

「クラスの子のお母さんから聞いたよ！　あなた、学校でいじめてるんだってね！」

親の気持ち

- いじめてるなんて、何かの間違いだろ？
- いじめられるのも困るけど、いじめる側にだけはなってほしくない
- うちの子がいじめてるなんて、どこで間違っちゃったんだろう？

- ちょっといじってるだけなのに大げさなんだよ
- からかってるだけ。いじめてないし
- みんなやってるじゃん。なんで私だけ怒られんの？

HINT　ペップな言葉を生むヒント

わが子も所属していた少年野球の試合で、ポジティブな言葉が子どもたちに元気と勇気を与える場面を目撃し、感動したことがあります。

エラーをした仲間に子どもたちが「下を向くな、いくらでもカバーしてやるから思い切って行け」と口々に言葉をかけ、勇気づけていたのです。

そういった**あたたかい言葉にふれる経験を積み重ねることが、子どもたちを誹謗中傷の世界から救う**のかもしれないなあと感じたできごとでした。

ペップな言葉かけ

苦しいことやつらいことがあるなら、まずパパやママに相談してくれないか？　気付いてあげられずに申し訳なかったと思っているんだ

相手のいい所を探してみないか？　相手を非難したり、批判したりしても、自分の心は救われないんだよ。

そうなんだよね。全然楽になってないんだよね。

ママはいつも、お互いに気持ちよくなる言葉を選んで使いたいと思ってるんだ。その方が自分の気持ちも楽になるよ

心を可視化して伝える

母親がわが子に言葉によるいじめの問題点を伝える動画を見たことがあります。まっさらな紙を子どもに見せながら「ひどいことを言ってみて」と伝え、子どもが一言発するたびに紙をクシャクシャにしていくのです。その後、今度は「謝ってみて」と伝えて子どもが謝るたびに紙を開いていきます。でも、まっさらだった紙は皺だらけ。そして一言「これがヒドイことを言ってはいけない理由よ」と伝えるのです。心を可視化するいい方法だと感じました。

あんな子と付き合わないで！

息子が連れてきた友だちが明らかに素行の悪そうな子だったり、娘の持ち物にケバケバしい友だちとのプリクラが貼ってあったりすると、ちょっとドキッとしてしまいますよね。

同性であっても異性であっても、一見して不真面目そうだったり、問題がありそうだったりする子と付き合っていると知ったら、「こんな子と一緒にいてうちの子は大丈夫？」と心配になってしまうこと、あると思います。

つい言っちゃうよね
こんなこと

「あんなにガラの悪そうな友だちと遊んでたら、あなたも仲間と思われるよ！」

「あんな子と付き合うなよ！
付き合う友だちは選べよ！」

「あんなチャラチャラした子のどこがいいの？　ママは好きじゃないな！」

親の気持ち

- 素行が悪そうな友だちとつるんでいて変なことに巻き込まれないだろうか
- 見た目で判断しちゃいけないのは分かってるけど、あの子はちょっとひどいなあ
- なんであんなに軽そうな子と一緒にいるんだろう?

子どもの気持ち

- 俺には「見た目で人を判断するな」って言うくせに、自分たちは人を見た目だけで判断してるよね
- あいつのこと何も知らないくせに!
- どんな人と付き合おうと私の勝手でしょ。

HINT　ペップな言葉を生むヒント

もし、みなさんが子どもの頃に、大切に思っている友だちを親から非難されたり、付き合うな、などと言われたら、絶対に反発したのではないかと思います。

まずはその時の気持ちを想像してみましょう。そうしたら、プッペな言葉は出てこないはずです。

どんな子であれ、わが子が「友だち」として付き合う子には、きっといい所があると信じることから始めてみませんか? いいとこ探しをしていきましょう!

見た目がスゴイからちょっとびっくりしちゃったけど、○○君にもいいとこがあるんだよね。どんなとこか教えてよ！

あ、よかった。分かってくれようしてるんだ！

ママから見たら、○子ちゃんってケバくてちょっとあなたの友だちにはどうかなって思っちゃうんだよね。でも、話してみたらいい子だね！

そうなんだよ。○子はすごくいい子なんだよ！

あなたの友だちはパパとママにとっても大切だから、うちに連れておいでね！

メラビアンの法則

人は見た目や耳から入った情報を優先してしまう傾向があるというのを、心理学では「メラビアンの法則」と呼びます。たとえ話の内容がしっかりしていても、見た目や話し方がだらしないと、相手のことを信用できないというものです。

子どもの友だちには、外見から良い印象を持ちにくい子もいるでしょう。そんな子がいたら、人は見た目に惑わされやすいものなのだと考えて、改めて相手の内面を見るように努めましょう。

24 えらそうなことを言うな！

思春期になると、あからさまに反抗するのではなく、親に対してちょっと意見をしたり、ダメ出しをしたりするようになりますよね。

まるで一人で大きくなってきたかのような口ぶりに、「誰のおかげでここまで育ったと思ってるんだ！」ってイラっとしちゃいます。分かる分かる！　そして、思春期を通り過ぎてきたものとしては、ちょっと大人ぶりたい気もちも、分かっちゃいますよね？

つい言っちゃうよね
こんなこと

「親に向かってその口のきき方はなんだ!!」

「一人で生活もできないくせにえらそうなこと言うな!」

「親を何だと思っているんだ!」

- 何をえらそうに。なんにも分かってないくせに！
- 先生やほかの大人には言ってないでしょうね～？
- 大人に向かって使う言葉じゃないよね

- 自分だってえらそうに言うくせに
- そっちがあれこれ言うから言い返しただけだろ
- 間違ったのはそっち。大人だってちゃんと謝れよ

HINT ペップな言葉を生むヒント

論理的な思考ができるようになってくると、大人に反抗する時の理屈も一見それらしくなってきます。「屁理屈ばかり並べて！」と思うかもしれませんが、それは紛れもなく成長してきた証し！

もしかしたら、黙って何も言ってくれないより、反抗してくれた方がまだマシ、という考え方もできるかも？

真に受けて「売り言葉に買い言葉」にならないように、大人がきちんとした言葉選びで対応したい所です。

ペップな言葉かけ

言いたいことは分かるよ。でももう少し落ち着いて話してくれると助かるんだけどな

あ、確かに。ちょっと感情的だったかも？

大人に非があるかもしれないけど、口の利き方で伝わるものも伝わらないことがあるよ。大人も傷つくんだよ。

え？　大人も傷つくんだ！　そうなんだ……

年上の人に話すときには、敬意って必要だと思うんだ。相手に分かってもらいたいなら、失礼じゃない言葉選びをしよう！